HISTOIRE CLASSIQUE

DE LA

GUERRE FRANCO-ALLEMANDE

1870-1871

PAR

UN PROFESSEUR D'HISTOIRE

PARIS

LIBRAIRIE CH. DELAGRAVE

15, rue Soufflot, 15

1889

HISTOIRE CLASSIQUE

DE LA

GUERRE FRANCO-ALLEMANDE

1870-1871

PAR

UN PROFESSEUR D'HISTOIRE

PARIS
LIBRAIRIE CH. DELAGRAVE
15, rue Soufflot, 15

1889

LA

GUERRE FRANCO-ALLEMANDE

1870-1871

CAUSES DE LA GUERRE. — *L'incident Hohenzollern. L'armée française et l'armée allemande.*

OPÉRATIONS DE MAC-MAHON EN ALSACE. — *Wissembourg, 4 août. Frœschwiller, 6 août. Retraite sur Châlons.*

OPÉRATIONS DE BAZAINE EN LORRAINE. — *Spikeren, Borny. Rezonville ou Mars-la-Tour, 16 août. Gravelotte ou Saint-Privat, 18 août. Blocus de Metz.*

MARCHE DE L'ARMÉE DE CHALONS AU SECOURS DE METZ. — *Buzancy. Nouart. Bataille de Beaumont. Désastre de Sedan, 1er septembre.*

LA RÉVOLUTION DU 4 SEPTEMBRE ET L'INVESTISSEMENT DE PARIS. — *Le gouvernement de la Défense nationale. Etat militaire de Paris. L'entrevue de Ferrières. Combat de Châtillon. Insurrection du 31 octobre.*

LA DÉLÉGATION DE TOURS ET LA PROVINCE. — *Dictature de Gambetta. Capitulations de Strasbourg, 28 septembre, et de Metz, 27 octobre.*

OPÉRATIONS DE D'AURELLES ET DE CHANZY SUR LA LOIRE.— *Coulmiers, 9 novembre. Beaune-la-Rolande, 28 novembre. Patay. Artenay. Vendôme. Déroute du Mans, 12 janvier.*

OPÉRATIONS DE FAIDHERBE DANS LE NORD. — *Bataillés de Pont-Noyelles. 23 décembre, Bapaume, 3 janvier, et Saint-Quentin, 19 janvier.*

OPÉRATIONS DE BOURBAKI DANS L'EST. — *Garibaldi et*

Ces pages ne sont qu'un extrait de notre Histoire contemporaine, qui paraîtra à la rentrée d'octobre 1889-1890.

Cremer autour de Dijon. Batailles de Villersexel, 8 janvier, et d'Héricourt, 15 et 16 janvier. Retraite de l'armée sur Pontarlier, son passage en Suisse.

OPÉRATIONS DE TROCHU, DUCROT ET VINOY SOUS PARIS. — *Tentatives de sortie : combats de Villiers-Champigny, 30 novembre et 2 décembre, de Montretout ou de Buzenval, 19 janvier. Armistice et capitulation de Paris, 29 janvier 1871.*

L'ASSEMBLÉE NATIONALE DE BORDEAUX ET LE TRAITÉ DE FRANCFORT. — *Elections du 8 février 1871. Thiers, chef du pouvoir exécutif; protestations des députés alsaciens et des députés lorrains contre les préliminaires de paix. Signature et conditions du traité de Francfort, 10 mai 1871.*

Causes de la guerre. — *L'incident Hohenzollern; l'armée française et l'armée prussienne.* — Depuis l'affaire du grand-duché de Luxembourg (1867), le gouvernement impérial n'attendait que l'occasion d'humilier l'orgueilleux vainqueur de Sadowa. Les intérêts de la dynastie, dont le crédit diminuait chaque jour, l'excitaient encore à s'armer contre son rival. « S'il n'y a pas de guerre, aurait dit l'impératrice, mon fils ne régnera pas. » De son côté, le cabinet de Berlin, poussé par la noblesse prussienne, ne demandait qu'à tirer l'épée contre « l'ennemi héréditaire, » et tandis que Napoléon, accablé par la maladie, demeurait inactif, Guillaume Ier, MM. de Bismarck et de Moltke complétaient leurs armements. Avec de pareilles dispositions de part et d'autre, un prétexte de guerre devait nécessairement se présenter.

Dispositions respectives de la France et de la Prusse.

En 1868, la reine d'Espagne Isabelle II avait été détrônée et remplacée par une Régence composée de Serrano, de Prim et de l'amiral Topete. En 1870, les Cortès constituantes s'étant prononcées pour le rétablissement de la royauté, le général Prim invita Léopold de Hohenzollern-Sigmaringen, parent du roi de Prusse et major dans le 1er régiment de sa garde à pied, à poser sa can-

Candidature du prince de Hohenzollern au trône d'Espagne.

didature à la couronne d'Espagne. Le bruit de cette négociation circula bientôt dans les cercles politiques.

Le 6 juillet 1870, M. de Gramont, interpellé par M. Cochery sur cette affaire, confirma l'offre de Prim et l'acceptation du prince, et déclara que nous ne souffririons pas qu'une puissance étrangère mît en péril « les intérêts et l'honneur de la France » et dérangeât, à notre détriment, l'équilibre actuel des forces en Europe, en plaçant un de ses princes sur le trône de Charles-Quint. L'établissement d'un Hohenzollern à Madrid eût, en effet, créé pour nous un danger que le droit de l'Espagne à choisir son roi ne pouvait nous empêcher de prévenir. Dès le 6, M. Benedetti, notre ambassadeur à Berlin, reçut donc l'ordre d'aller trouver le roi de Prusse, qui prenait à ce moment les eaux à Ems, et de le prier de prescrire ou de conseiller à son cousin le retrait de sa candidature à la couronne d'Espagne. Toutes les puissances de l'Europe étrangères au débat comprenaient la légitimité de notre grief et condamnaient l'ambition de la Prusse. Le cabinet de Berlin, en présence des instances de la Russie et de l'Angleterre, sentit lui-même que le terrain pour une lutte contre nous était mal choisi, et agit discrètement pour se dégager de ce mauvais pas. Le 11 juillet, Olozaga, ambassadeur d'Espagne à Paris, informait le gouvernement français que le prince de Hohenzollern avait retiré sa candidature, et d'un autre côté, le lendemain, M. Benedetti télégraphiait que le roi de Prusse approuvait la résolution du prince. « C'est la paix, disait Napoléon à deux ambassadeurs étrangers ; je le regrette, car l'occasion était bonne ; mais, à tout prendre, la paix est un parti plus sûr, vous pouvez regarder l'incident comme terminé. » Malheureusement il n'en fut point ainsi, le parti de la guerre en France ne trouvait point que ce fût assez d'avoir infligé un échec à la Prusse.

Négociations et désistement du prince.

Pressé par MM. Clément Duvernois, de Leusse, Jérôme David et même par des journaux peu sympathiques à l'empire, de stipuler « des garanties pour éviter le retour de complications successives avec la Prusse, » M. de Gramont chargea M. Benedetti, dès le 12 au soir, d'obtenir du roi de Prusse les garanties désirées. Le lendemain

Exigences du cabinet des Tuileries.

M. Benedetti à Ems

matin, M. Benedetti se rendit auprès de Sa Majesté prussienne, mais celle-ci, déjà froissée par les paroles de défi qu'avait prononcées M. de Gramont en annonçant la candidature du prince de Hohenzollern à la tribune française, irritée de son échec dans cette affaire et voyant le conflit porté sur un terrain meilleur pour elle, refusa de déclarer, comme on le lui demandait, qu'elle n'autoriserait plus à l'avenir le renouvellement de la candidature du prince, et dit qu'elle devait, pour cette éventualité comme pour toute autre, se réserver la faculté de consulter les circonstances. M. Benedetti ne se découragea pas; il demanda une nouvelle audience dans la soirée. Il obtint encore moins de succès; Sa Majesté lui fit répondre par M. de Radzivill, son aide de camp, qu'elle « *ne saurait reprendre la discussion relativement aux assurances que nous demandions pour l'avenir,* » qu'elle s'en référait, à cet égard, aux considérations qu'elle avait exposées le matin. Dès le soir de ce jour, M. Benedetti, qui n'avait rien trouvé d'offensant pour sa personne dans la façon d'agir du roi de Prusse, communiqua au cabinet des Tuileries le résultat de ses négociations. En même temps M. de Bismarck le communiquait à ses agents diplomatiques à l'étranger, et le lendemain ceux-ci l'annoncèrent et le firent annoncer dans les journaux. De leur côté, nos représentants à l'étranger informèrent aussitôt le cabinet des Tuileries du langage que tenaient les diplomates prussiens dans les cours de l'Europe sur l'issue du conflit. Les yeux fixés sur ces faits et sur toutes ces dépêches, dont il voyait plutôt le sens que la lettre, le gouvernement français rédigea immédiatement une déclaration qui fut lue le 15 juillet au Luxembourg par le duc de Gramont, et au Palais-Bourbon par M. Emile Ollivier. Après avoir rappelé les mesures prises par le gouvernement pour éviter une rupture et conserver à l'Europe les bienfaits de la paix, la déclaration continuait en ces termes : « .... Aussi notre surprise a-t-elle été profonde, lorsque hier nous avons appris que le roi de Prusse avait notifié par un aide de camp à notre ambassadeur *qu'il ne le recevrait plus*, et que pour donner à ce *refus* un caractère non équivoque, son gouvernement l'avait com-

Résistance de la Prusse.

Déclaration du gouvernement aux Chambres françaises.

muniqué *officiellement aux cabinets d'Europe* 1. Nous apprenions en même temps que M. le baron de Werther avait reçu l'ordre de prendre un congé et que des armements s'opéraient en Prusse.

» Dans ces circonstances, tenter davantage pour la conciliation eût été un oubli de dignité et une imprudence; nous n'avons rien négligé pour éviter une guerre ; nous allons nous préparer à soutenir celle qu'on nous offre, en laissant à chacun la part de responsabilité qui lui revient. »

La lecture de cette déclaration fut suivie dans les deux Chambres d'applaudissements répétés et des cris de : *Vive l'empereur ! vive la France !*

Opposition de Thiers à la guerre.

Au Corps législatif, Thiers démontra, malgré les interruptions continuelles et les insultes de ses contradicteurs, combien la question était grave et demandait réflexion, à quel immense danger on allait exposer la France, et cela sans motif sérieux, pour une susceptibilité inopportune. Ses paroles, inspirées par le bon sens et le patriotisme, ne modifièrent en rien l'opinion de la majorité. « On a voulu, lui répondit M. Emile Ollivier, nous infliger une humiliation, un échec, pour se procurer une compensation du désistement insuffisant du prince de Hohenzollern. » Jules Favre et Gambetta ne purent obtenir communication du texte de la dépêche de M. de Bismarck à ses agents diplomatiques, la commission chargée du rapport sur cette affaire affirma qu'elle l'avait lue, et sur sa parole on vota un emprunt de cinq cents millions.

La France partageait les sentiments de la majorité des

1 Le roi de Prusse n'avait pas dit à notre ambassadeur, le 13 juillet, *qu'il ne le recevrait plus*. Le soir du 14, en effet, au moment de prendre le train pour Coblentz, il le reçut encore à la gare d'Ems et lui dit qu'il n'avait rien à ajouter à ses réponses précédentes. M. de Bismarck n'avait pas non plus communiqué ce refus *officiellement aux cabinets de l'Europe*, il l'avait communiqué aux représentants de la Prusse auprès des cours étrangères; mais M. Emile Ollivier interprétait les intentions de la Prusse. Le refus d'audience avait été, il l'avouait, correct, conforme à toutes les règles de la courtoisie, mais il avait été *intentionnel*, et la publication de ce refus aux cabinets de l'Europe, *intentionnelle* aussi : c'était de là que résultait l'offense pour nous.

Chambres : partout on entendait répéter *à Berlin !* Rouher n'exagérait point quand, le 16, il disait à Napoléon aux Tuileries : « Votre Majesté tire l'épée, la patrie est avec vous frémissante d'indignation et de fierté ! » Quoi d'étonnant? On détestait la Prusse et l'on se croyait assez fort pour l'humilier. « Nous sommes prêts, cinq fois prêts, avait dit le général Lebœuf ; nous pouvons faire la guerre pendant deux ans sans avoir seulement à acheter un bouton de guêtre. » Enfin, le 19 juillet, notre agent diplomatique à Berlin notifiait au gouvernement qu'à dater de ce jour la France se considérait comme étant en guerre avec la Prusse. Malheureusement, malgré les déclarations du général Lebœuf, nous n'étions pas prêts.

Déclaration de guerre à la Prusse, 19 juillet.

Etat des deux armées.

Notre armée, toujours pleine de courage et d'élan, n'avait pas combattu en Europe depuis plus de dix ans et ignorait les méthodes nouvelles. Elle possédait des fusils Chassepot et des mitrailleuses qui l'emportaient sur le fusil à aiguille des Prussiens, mais cette supériorité devait être annulée par la puissance de leurs canons Krupp. Quant à l'armée de seconde ligne, dont Niel avait demandé la création, elle n'existait que sur le papier. Notre procédé de mobilisation, qui obligeait les réservistes à se rendre au dépôt avant de rejoindre leur corps à la frontière, nuisait à la concentration rapide de nos forces ; nos moyens de transport n'étaient pas organisés ; nos places fortes, même celles de la frontière, étaient délabrées, car on n'y avait pas touché depuis Vauban. Enfin, nous n'avions pas un allié en Europe, et pour nous empêcher d'en trouver, M. de Bismarck s'empressa de publier un projet de traité rédigé par M. Benedetti, et daté de juillet 1867, par lequel Napoléon III « offrait de reconnaître toutes les conquêtes de la Prusse et de favoriser l'absorption des Etats du Sud, à condition que le roi Guillaume l'aiderait à acquérir le Luxembourg et à s'annexer la Belgique. »

Tandis que chez nous tout était à improviser, au delà du Rhin tout se trouvait prêt depuis longtemps. L'état-major, qui était permanent, avait étudié son rôle dans les moindres détails ; l'armée, qu'enthousiasmaient ses succès en Danemark et en Autriche, était nombreuse, solidement constituée, bien équipée et commandée par des généraux habiles, expérimentés et animés d'un grand esprit de solidarité ; le système de mobilisation, dont toutes les parties étaient coordonnées, et la bonne organisation du service des transports permettaient à la Prusse de jeter ses troupes rapidement et en masse sur la frontière. Et pourtant, presque seul, Thiers avait signalé la disproportion des forces des deux adversaires et exprimé la crainte d'un désastre pour la France. Le gouvernement impérial, qui s'était précipité tête baissée dans la guerre que la Prusse lui offrait, allait expier sa témérité ; mais, hélas ! le pays entier, qu'il entraînait à sa suite, devait être en même temps victime de sa faute.

Départ de l'empereur pour Metz.

Le 22 juillet, l'empereur annonçait au peuple français les causes de la guerre et son départ pour la frontière. « Je vais me mettre, disait-il, à la tête de cette vaillante armée qu'anime l'amour du devoir et de la patrie. Elle sait ce qu'elle vaut, car elle a vu dans les quatre parties du monde la victoire s'attacher à ses pas. J'emmène mon fils avec moi, malgré son jeune âge. Il sait quels sont les devoirs que son nom lui impose, et il est fier de prendre sa part dans les dangers de ceux qui combattent pour la patrie.... »

En effet, l'empereur partit aussitôt pour le quartier général de Metz, où l'attendait le maréchal Lebœuf, major général de l'armée du Rhin. A peine arrivé, il disait le 28 juillet aux soldats : « Je viens me mettre à votre tête pour défendre l'honneur et le sol de la patrie.

» La guerre qui commence sera longue et pénible, car elle aura pour théâtre des lieux hérissés d'obstacles et de forteresses. Mais rien n'est au-dessus des efforts persévérants des soldats d'Afrique, de Crimée, de Chine, d'Italie et du Mexique....

» Quel que soit le chemin que nous prenions hors de nos frontières, nous y trouverons les traces glorieuses de nos pères. Nous nous montrerons dignes d'eux. »

Ouverture des hostilités. — *Positions des armées. Sarrebrück.* — Au début des hostilités, l'armée française s'échelonnait de Thionville à Wissembourg, le long de la frontière prussienne et bavaroise, et de Wissembourg à Belfort, en face de la frontière badoise. Ladmirault était à Thionville (*4e corps*); Frossard à Saint-Avold (*2e corps*); de Failly à Bitche (*5e corps*); Mac-Mahon à Strasbourg (*1er corps*); Félix Douay à Belfort (*7e corps*, en formation); Bazaine à Metz (*3e corps*); Canrobert à Châlons (*6e corps*); la garde impériale, sous Bourbaki, se trouvait partie à Metz et partie à Nancy : c'était un effectif de deux cent cinquante à trois cent mille hommes disséminés sur une étendue de trois cents kilomètres, et par suite dans l'impossibilité de se prêter les uns aux autres un appui solide. Napoléon avait pensé d'abord à prendre promptement l'offensive : pendant qu'une armée de débarquement opérerait du côté de la Baltique et qu'une autre garderait la frontière en avant de Metz, lui-même, avec cent mille hommes, franchirait le Rhin à Maxau pour déboucher sur Carlsruhe et tourner la Forêt-Noire, pénétrerait ensuite au cœur de l'Allemagne, séparerait les Etats du Nord de ceux du Sud, et appellerait l'Autriche et l'Italie à son aide. Mais il y avait renoncé lorsque le 28 juillet, en arrivant à Metz, il n'avait trouvé rien de prêt pour tenter une pareille entreprise. Alors aussi il aurait dû faire resserrer ses lignes pour leur donner plus de consistance; au lieu d'améliorer ainsi sa position, il avait ordonné des mouvements de troupes inutiles et très fatigants pour les soldats.

Position des Français.

Projet de l'empereur.

Grâce à la perfection de son organisation militaire et à l'expérience acquise dans ses dernières guerres, la Prusse avait mobilisé ses troupes du 16 au 23 juillet et concentré plus de quatre cent cinquante mille hommes entre Mayence, Trèves et Landau [1]. Cette masse, qui s'adossait

[1] C'est la position qu'assigne aux troupes au début de la guerre un plan de campagne tracé par M. de Moltke pendant l'hiver de 1868-1869. D'après ce plan l'objectif final des Prussiens est Paris, et l'objectif immédiat, l'armée principale des Français, qu'il faut rechercher et attaquer là où on la trouve. 300,000 hommes doivent être rassemblés vers Mayence : si l'ennemi attaque, ils peuvent se porter de là sur son flanc droit ou sur son flanc gauche; s'il garde la défensive, ils se rejettent entre ses masses sur la Sarre et la Lauter, refoulent le gros de l'armée française sous Metz ou le coupent de Paris en l'acculant à la frontière belge. Ce plan ne devait être réalisé que trop exactement.

fortement au Rhin et à la Moselle, n'offrait qu'un front de cent cinquante kilomètres. Elle était divisée en trois armées : la *première*, sous le général de Steinmetz [1] et forte de soixante mille hommes, s'étendait à proximité du chemin de fer qui part de Coblentz pour venir par Trèves à Thionville et à Metz ; la *deuxième*, comprenant cent soixante mille hommes sous le prince Frédéric-Charles [2], neveu du roi de Prusse, tenait la ligne de fer qui vient de Mayence et de Bingen sur Sarrebrück ; la *troisième*, aux ordres du prince royal de Prusse ou kronprinz, et forte de deux cent mille hommes, était entre Spire et Landau, sur les voies ferrées qui viennent de ces villes à Strasbourg. En outre, cinq cent mille hommes au moins devaient encore bientôt suivre ceux-là au delà du Rhin.

Position des Prussiens.

Lorsque Guillaume partit de Berlin pour aller prendre le commandement des trois armées réunies sur le Rhin, il adressa la proclamation suivante au peuple allemand : « Mon peuple sait comme moi que nous ne sommes point les vrais auteurs de la rupture de la paix et de la guerre qui s'ouvre ; mais provoqués, nous avons résolu, à l'exemple de nos pères, et confiants dans la protection de Dieu, de soutenir le combat pour le salut de la patrie. » En même temps, en souvenir de la guerre de l'indépendance de 1813 que la Prusse avait faite avec les mêmes alliés, Guillaume rétablit la décoration de la Croix de fer, instituée pour récompenser la bravoure militaire.

Le 1er août, le roi de Prusse arriva à Mayence, où il établit son quartier général, et dès le lendemain il donna l'ordre de prendre l'offensive. Ce même jour (2 août), le général Frossard, accomplissant sur la Sarre une reconnaissance prescrite par Napoléon, entrait dans *Sarrebrück* après un combat peu sérieux et trop facilement transformé en victoire. « Louis, écrivait Napoléon à l'impératrice, a reçu le baptême du feu, il a été admirable de sang-froid. » Peu après nous nous retirions de Sarrebrück, sans même prendre soin de détruire les ponts de la Sarre.

Sarrebrück

[1] Né en 1796 et mort en 1877.
[2] Né en 1828 et mort en 1885.

Opérations de Mac-Mahon en Alsace. — *Wissembourg, Frœschwiller, retraite sur Châlons.* — Le 3 août, le prince de Prusse se mit en mouvement dans la vallée du Rhin pour se porter sur la Lauter. Le 4, dès huit heures du matin, ses colonnes, dont la marche avait été couverte par les bois, ouvrirent le feu contre *Wissembourg*. Seul le 74e de ligne occupait cette place, que défendaient au dehors le général Pellé, établi dans la plaine avec les tirailleurs algériens ou turcos, et la division Abel Douay, postée sur les hauteurs du *Geissberg*. Mac-Mahon était à Haguenau avec le reste du corps, et le général de Failly à Bitche. L'ennemi franchit les ponts de la Lauter, que l'on avait négligé de couper, et, malgré la résistance énergique des turcos, entoura la ville de ses nombreux bataillons; à midi, notre situation était désespérée. A ce moment le général Pellé, apprenant qu'Abel Douay avait été frappé à mort par un éclat d'obus, réunit les turcos et gagna le Geissberg pour prendre la direction de la petite armée. Peu après, les Allemands, couverts par une artillerie bien supérieure à la nôtre, s'élancèrent contre ces hauteurs, et le château de Geissberg ainsi que la ferme de *Schafbusch* devinrent le théâtre d'un combat acharné. Mais les Français étaient 6,000 contre 50,000; à quatre heures ils durent battre en retraite. Le soir, le 74e, enfermé dans Wissembourg et à bout de munitions, se rendit aux Allemands et fut déclaré prisonnier. Cette bataille nous coûtait près de trois mille hommes.

Bataille de Wissembourg.

A la nouvelle que l'Alsace était envahie, Mac-Mahon concentra ses forces sur les hauteurs de *Frœschwiller*, au nord-ouest de Haguenau. Après en avoir reçu l'autorisation de Metz, il appela à son aide la division Conseil-Dumesnil, du 7e corps, qui se trouvait à Mulhouse, et ordonna au général de Failly de venir le rejoindre avec le 5e corps le plus tôt possible (5 août). Mais le général de Failly, prévenu d'une attaque probable sur sa gauche, répondit qu'il ne pouvait envoyer qu'une division. Le maréchal n'insista pas : sur les collines qu'il occupait le 6 au matin avec quarante mille hommes, il se croyait en état d'arrêter l'ennemi. Le front de ses lignes, qui se développait sur un espace de sept kilomètres, était couvert par la Sauer, qui

Bataille de Frœschwiller.

baignait à ses pieds *Wœrth, Spachbach* et *Gunstett*. Derrière lui s'étendait la vallée que suit la route de Haguenau à Bitche en passant par *Reichshoffen* et *Niederbronn*. La division Ducrot était à gauche, entre Neehwiller et le bois de Frœschwiller; la division Raoult au centre, autour des villages de Frœschwiller et d'Elsasshausen, où conduisent deux routes partant de Wœrth au fond de la vallée ; la division de Lartigue à droite, entre le bois du Nieder-Wald et le village de Morsbronn. La division Pellé, la division Conseil-Dumesnil, les cuirassiers Bonnemains, qui se tenaient derrière la division Raoult, et la cavalerie du général Duhem, placée derrière la division de Lartigue, formaient la réserve. Frœschwiller, la clef de notre position, couvert en avant par Wœrth et des pentes escarpées, était solide, mais les deux ailes manquaient d'appuis.

Il était sept heures du matin ; la pluie, qui tombait depuis la veille, avait cessé, le ciel était pur et annonçait une belle journée. Quelques uhlans apparaissaient bien çà et là à travers les bois ; pourtant, rien ne faisait encore prévoir que dans quelques heures ces riantes campagnes et ces paisibles villages allaient être couverts de sang et de ruines. Nos soldats s'occupaient à faire sécher leurs vêtements au soleil, lorsque le canon se fit entendre du côté de Wœrth : c'était la division Raoult qui chassait un détachement venu en reconnaissance jusqu'au bord de la Sauer. Peu après, le combat s'engageait à gauche, puis successivement à droite et au centre : le général de Kirchbarch était en face de nous avec le 5e corps prussien et le 2e bavarois.

Les Bavarois, ayant pris l'offensive sur notre gauche, essayèrent inutilement de s'établir à la lisière des bois où ils s'étaient embusqués ; ils furent obligés d'y rentrer après avoir laissé six cents des leurs sur le terrain. Toutefois, les pertes des turcos et du 1er zouaves, auxquels revenait l'honneur de ce succès, n'étaient pas moins considérables. L'ennemi ne réussit pas mieux sur les autres points. Il avait établi sur la rive gauche de la Sauer une batterie de cent huit pièces de canon, dont les projectiles allumaient des incendies dans Wœrth et dans Elsasshausen. Couvertes par cette artillerie à laquelle ni nos mitrailleuses ni même nos pièces les plus puissantes ne pouvaient répondre, deux colonnes allemandes descendirent dans la vallée, l'une à Wœrth et l'autre à Spacbach, où elles franchirent les ponts de la Sauer, que nous avions encore oublié de couper. La colonne qui déboucha de Spachbach, à droite, s'avança jusqu'à la lisière du Nieder-Wald, mais là, attaquée de front par le 3e zouaves et chargée à la baïonnette, elle fut repoussée au delà de la rivière. L'autre colonne subit aussi un échec. Elle essayait déjà de gravir, à travers les vignes et les vergers, les coteaux de Frœschwiller, lorsqu'elle fut prise de front par le 2e zouaves et refoulée jusque dans le village de Wœrth.

Il était midi; partout nous gardions nos positions; il eût donc été prudent pour notre petite armée de se replier sur les Vosges, car, à ce moment, le prince de Prusse, informé de l'engagement, accourait en toute hâte de Soultz avec le 11e corps prussien, le 1er bavarois et la division wurtembergeoise; dans peu de temps, cent quarante mille Allemands allaient entourer d'un cercle de fer nos trente-cinq mille hommes; mais Mac-Mahon ignorait, comme le matin, la vraie situation de l'ennemi.

Vers une heure, en effet, de nombreuses colonnes apparurent sur les collines à gauche de la Sauer, et partout l'attaque contre nos lignes recommença avec une nouvelle vigueur. Deux fois encore, les Allemands, sortant de Wœrth, essayèrent de prendre d'assaut les coteaux de Frœschwiller, deux fois ils furent refoulés. Mais pendant ce temps, nous perdions du terrain à droite. Des troupes qui n'avaient point encore donné débouchèrent de Spachbach, et, couvertes par les feux de soixante-douze pièces établies près de Günstett, s'avancèrent sur le Nieder-Wald. Vainement zouaves, turcos et chasseurs, auxquels les colonels Champion et Morand donnaient l'exemple de l'intrépidité, se multiplièrent pour les arrêter, criblés par les projectiles qui partaient de tous côtés, ils furent contraints de reculer et de laisser le Nieder-Wald à l'ennemi. Le colonel Champion était tombé dans cette lutte héroïque, percé de trois balles.

Alors notre situation s'aggrave, une colonne de six

mille hommes arrive autour de Morsbronn; notre droite est tournée si elle s'établit dans ce village. A la vue du danger, le général de Lartigue, dont la réserve est épuisée, envoie demander du secours à Mac-Mahon. Mais, pour le moment, le maréchal n'a pas un homme sous la main, il commande au général de tenir ferme et lui promet des renforts. De Lartigue attend, puis ne voyant personne venir à son aide, il commande la retraite, après avoir obtenu pour la protéger une partie de la cavalerie de Duhem. Aussitôt le général Michel, auquel est confiée cette mission, forme en colonne les 8e et 9e cuirassiers, deux escadrons du 6e lanciers, et s'écrie en passant sur le front de sa brigade : « Camarades, on a besoin de nous. » — « Vive la France ! » répondent ces braves résolus à mourir pour la patrie. Le général de Lartigue se découvre devant eux et leur dit : « Allez comme à Waterloo ! » Il n'y a pas de temps à perdre. Le général Michel, l'épée haute, commande la charge, et nos cavaliers, bravant les balles et les obus, fondent sur Morsbronn avec la rapidité de l'éclair. Ils pénètrent dans ce village à travers les rangs ennemis, sabrent ou dispersent les Prussiens qu'ils y rencontrent, poursuivent les fuyards dans les vignes et les vergers, puis, décimés, rompus, reviennent vers la principale rue de Morsbronn, où leurs adversaires se sont barricadés. Là, fusillés à bout portant, ils sont tués, blessés ou pris ; bien peu doivent se retrouver le soir à Saverne avec le général Michel. L'héroïque sacrifice de nos cavaliers n'a eu d'autre résultat que de retarder un moment le progrès de l'ennemi. La division de cuirassiers Bonnemains s'immole également pour le salut de l'armée.

La charge des cuirassiers.

Bientôt notre droite est tournée ; le 3e zouaves, cerné dans le Nieder-Wald, se rend après une lutte désespérée. Malgré les coups terribles de notre artillerie et les charges à la baïonnette de nos turcos, l'ennemi atteint Elsasshausen. Notre situation devient de plus en plus critique ; à gauche, Ducrot, qui a épuisé ses forces en envoyant des renforts aux autres divisions, se replie sur le centre. Mais Frœschwiller même, sillonné par les obus, illuminé par les incendies, est entouré d'Allemands à l'est, au nord et au sud, et n'offre que l'aspect d'une vaste ambulance. Le général Raoult est frappé à mort, ses soldats sont blessés ou exténués ; il faut céder cette dernière position à l'ennemi et prendre la route de Reichshoffen.

Il était quatre heures du soir. Mac-Mahon, qui pendant cette bataille avait montré une opiniâtre énergie, dirigea la retraite avec un sang-froid admirable dans ces cruelles circonstances. Protégés par la division Guyot de Lespart, du corps de Failly, arrivée trop tard pour prendre part au combat, les débris de notre malheureuse armée se précipitèrent à la hâte vers Saverne, où la cavalerie arriva la première, le lendemain, vers deux heures du matin. Dix mille hommes tués ou blessés, six mille prisonniers et la perte de l'Alsace, tel était le résultat de cette défaite.

En arrivant à Saverne, Mac-Mahon adressa cette dépêche à l'état-major général : « Je me suis battu toute la journée, j'ai perdu la bataille ; envoyez-moi des vivres et des munitions. » On lui répondit par l'ordre de battre en retraite sur Châlons, que l'on indiquait en même temps comme point de ralliement au général de Failly : c'était là peut-être renoncer trop facilement à utiliser les plateaux de la Lorraine, qui présentent de bonnes lignes de défense.

Retraite sur Châlons.

Dès le 7 août au soir, Mac-Mahon partagea ses troupes en deux colonnes et les dirigea sur Sarrebourg, au delà des Vosges, l'une par la route de Phalsbourg, l'autre par le tunnel du chemin de fer, qu'elle oublia malheureusement de détruire derrière elle. Après une courte halte à Sarrebourg, il fallut se porter à la hâte sur Lunéville et de là, par Bayon et Vichery, sur Neufchâteau. Ces longues marches, exécutées tantôt sous un soleil de feu et tantôt sous la pluie, le manque de nourriture, la privation de sommeil, exténuèrent nos soldats. Enfin, le 14 août, on arriva à Neufchâteau, d'où l'infanterie fut transportée en chemin de fer au camp de Châlons, en passant par Andelot, Bologne (sur Marne), Joinville, Saint-Dizier et Vitry. La cavalerie et l'artillerie, obligées de s'y rendre par étapes, la rejoignirent le 17. Deux jours après, le général de Failly, qui de Bitche avait gagné Langres et Chaumont, y parvenait aussi avec le 5e corps.

Opérations de Bazaine en Lorraine : *Spikeren, Borny, Rezonville ou Mars-la-Tour, Gravelotte ou Saint-Privat, blocus de Metz.* — Pourquoi donc, pour aller à Châlons, Mac-Mahon et de Failly avaient-ils pris des chemins si détournés? C'est que le jour même de la bataille de Frœschwiller (6 août), nous avions perdu un autre combat en avant de *Forbach*, près de la Sarre, où le chemin de fer amenait directement les troupes de Frédéric-Charles et de Steinmetz, et que cette région était aussi entre les mains des Allemands. Frossard, qui gardait là les hauteurs de *Spikeren* avec vingt-huit mille hommes, avait été subitement assailli par quatre-vingt mille Prussiens et rejeté sur Sarreguemines avec une perte de quatre mille hommes. Mais cette défaite incombait en grande partie à Bazaine, car, tandis que les Allemands étaient accourus au bruit du canon, d'une distance de trente-huit kilomètres, le commandant de notre 3e corps, qui se trouvait à Saint-Avold, c'est-à-dire à seize kilomètres, n'était apparu qu'à neuf heures du soir sur le champ de bataille. Quatre jours après l'ouverture des hostilités, l'Alsace et la Lorraine étaient la proie de l'ennemi.

Défaite de Spikeren.

Le 7 août, Paris apprit la déroute de nos armées. Cette nouvelle, succédant tout à coup à de faux bruits de grandes victoires remportées sur les Prussiens, y provoqua une immense agitation. L'impératrice, d'accord avec les ministres, mit aussitôt la capitale en état de siège et convoqua les Chambres pour le 9 août. Le 10, le ministère Ollivier fut renversé par un ordre du jour de défiance, le général Cousin-Montauban, comte de Palikao, nommé ministre de la guerre et chargé de former un nouveau cabinet [1]; tous les anciens soldats de vingt-cinq à trente-cinq ans furent appelés sous les drapeaux. Les esprits s'apaisèrent lorsque, le 13, le comte de Palikao annonça que le maréchal Lebœuf avait donné sa démission de major général, et que Napoléon avait renoncé au commandement supérieur des troupes en faveur de Bazaine, le vainqueur de Puebla et de Mexico. A ce moment, en

Chute du ministère Ollivier.

[1] Il prit pour collègues : MM. H. Chevreau, Magne, de la Tour d'Auvergne, Grandperret, Jér. David, Cl. Duvernois, Rigault de Genouilly.

effet, Bazaine réunissait, aux environs de Metz, les 2e, 4e et 6e corps avec le 3e ; mais les espérances que l'opposition fondait sur le héros du Mexique devaient être cruellement trompées [1]. Il débuta par une faute qui compromit le salut de son armée et celui de la France. Au lieu de passer, le 12 août, sur la rive gauche de la Moselle pour aller, par Verdun, rejoindre Mac-Mahon à Châlons, il attendit jusqu'au 14 à se mettre en mouvement : c'était trop tard, il ne pouvait plus opérer sa retraite sans livrer de combats aux armées de Steinmetz et du prince Frédéric-Charles, qui le suivaient.

Bataille de Borny.

Il repoussa bien, il est vrai, les Prussiens, qui, après avoir franchi le ravin de *Colombey*, cherchaient à s'établir sur le plateau de *Borny*, à l'est de Metz, mais il ne tira point parti de cette petite victoire (14 août) ; deux jours après, il se trouvait encore à peu près dans la même position, pendant que ses adversaires, beaucoup plus expéditifs, l'avaient tourné par le sud, pour se porter à l'ouest de Metz. Lorsqu'en effet, le 16 au matin, un moment après le passage de l'empereur, qui parvint dans cette journée à gagner le camp de Châlons, Frossard et Canrobert voulurent s'avancer de *Rezonville* sur Verdun par *Mars-la-Tour*, ils rencontrèrent sur leur gauche le prince Frédéric-Charles, qui avait franchi la Moselle à Pont-à-Mousson, au-dessus de Metz, et qui cherchait à leur barrer le chemin. Une lutte terrible s'engagea, les Français furent d'abord refoulés, et Bazaine se vit même un moment séparé de son état-major ; mais dans la soirée, secondés par Ladmirault et le général de Cissey, qui se distingua par ses belles charges de cavalerie, Frossard et Canrobert arrêtèrent le prince et le refoulèrent vers le sud : dix-sept mille Allemands et presque autant de Français restaient sur ce

Bataille de Rezonville ou de Mars-la-Tour

1 Bazaine, que Napoléon avait investi du commandement supérieur de l'armée pour apaiser l'opinion publique, n'avait pas oublié l'affaire du Mexique. Préoccupé de satisfaire sa vengeance et son ambition, « il voulait la perte de l'empire, il voulait être seul arbitre des destinées de la France vaincue, commander la seule armée qui resterait à notre pays : il voulait être dictateur. » (DICK DE LONLAY, *Français et Allemands*.) La résistance de Paris, qu'il s'attendait à voir capituler longtemps avant Metz, devait déjouer ses combinaisons.

champ de bataille. Au lieu de profiter de ce succès pour s'avancer sur Verdun ou sur Briey, Bazaine, au grand étonnement des deux camps, abandonna Rezonville et Gravelotte pour se rapprocher de Metz. Le 17 au soir, l'armée française occupait les positions suivantes : Frossard (2e corps) et Lebœuf (3e corps) tournaient le dos à Metz et faisaient face au plateau de *Gravelotte;* Canrobert (6e corps) était à *Saint-Privat-la-Montagne*, sur la route de Metz à Briey; Ladmirault (4e corps), à *Amanvillers*, entre Lebœuf et Canrobert, et derrière lui la garde impériale avec Bourbaki. En se mettant en route dans la nuit du 17 au 18, Bazaine pouvait encore rejoindre Mac-Mahon, mais il resta dans l'immobilité.

Bataille de Gravelotte ou de Saint-Privat.

Le prince Frédéric-Charles avait mis à profit l'inaction des Français. Le 17, il avait repris sa marche de flanc, et, sans être inquiété par Bazaine, s'était établi sur le plateau de Gravelotte. Assuré que le corps de Steinmetz le suivait, il continua son mouvement le 18; de grand matin, il parvint à s'étendre en face de notre droite et nous coupa la retraite sur Briey en faisant occuper, par le 12e corps saxons, Sainte-Marie-aux-Chênes à la hauteur de Saint-Privat : pour nous enfermer il n'avait plus qu'à nous enlever nos positions et à nous refouler sur Metz. Vers midi, il ouvrit le feu contre nos lignes d'*Amanvillers*, et un moment après, le canon grondait depuis Gravelotte au sud, jusqu'à Sainte-Marie-aux-Chênes au nord. Cette bataille, que les Français appellent bataille de *Saint-Privat*, et les Allemands, bataille de *Gravelotte*, fut une des plus acharnées de la guerre. Canrobert, assailli par le feu de deux cents pièces d'artillerie, puis par la garde royale, n'abandonna Saint-Privat que lorsqu'il se vit dans l'impossibilité de riposter. Il était huit heures du soir. Alors, découvert sur sa droite, Ladmirault dut aussi laisser Amanvillers à l'ennemi. Lebœuf et Frossard tinrent devant Gravelotte jusqu'à la fin de la journée, malgré les efforts multipliés des Prussiens, qui combattaient sous les yeux de leur souverain. Vers dix heures du soir, tout était fini. Dans cette bataille du 18 août, nous avions perdu 12,000 hommes sur 140,000, et les Allemands, 20,000 sur 200,000. La garde royale avait été principalement éprouvée : « Les prairies entre Marie-aux-Chênes et Saint-Privat, écrivait le vieux Guillaume à la reine Augusta, peuvent être regardées comme le tombeau de la garde royale. »

Bazaine, dont la lenteur calculée avait rendu nécessaire ce combat, n'avait rien fait pour remporter la victoire ; à peine s'était-il montré sur le champ de bataille, et quand Bourbaki et Canrobert lui avaient demandé d'engager la garde impériale et la réserve d'artillerie, qui pouvaient nous rendre l'avantage à droite, il s'y était refusé. Satisfait de cette défaite, il se retira sous les forts de Metz, et le prince Frédéric-Charles, nommé général en chef de l'armée d'investissement, l'entoura d'une ceinture de fer.

Blocus de Metz.

Il disposa ses troupes sur trois lignes : une d'attaque, une de combat et une d'appui. Avec le restant des troupes allemandes (4e et 12e corps), de Moltke forma une quatrième armée, dite *armée de la Meuse*, qui fut confiée au prince royal de Saxe.

Marche de l'armée de Châlons au secours de Metz. — *Buzancy. Nouart. Bataille de Beaumont. Désastre de Sedan.* — Pendant ce temps-là, une armée nouvelle se réunissait au camp de Châlons, où Félix Douay était accouru de Belfort rejoindre Mac-Mahon et de Failly. Avec des troupes appelées de Paris, de Lyon, de Bordeaux, et dix mille hommes de l'infanterie de marine, d'abord destinés à faire partie de l'expédition de la Baltique, on avait formé le *12e corps* [1], dont le général Lebrun reçut le commandement, et comblé les vides du 1er corps, qui fut confié à Ducrot.

L'armée de Châlons.

Cette armée, forte de cent quarante mille hommes et de quatre cents pièces de canon, était placée sous les ordres du duc de Magenta. Malheureusement, Mac-Mahon ne jouissait point d'une assez grande liberté ; il se trouvait soumis à l'influence de Napoléon, aux volontés de Bazaine et à celles du comte de Palikao, dont il ne partageait point les vues.

[1] L'infanterie de marine formait la 3e division du 12e corps. Elle était sous le commandement du général Vassoigne et divisée en deux brigades : la 1re sous le général Reboul, et la 2e sous le général Martin des Pallières.

Le maréchal et l'empereur, en considérant combien était défectueuse l'organisation des troupes rassemblées à la hâte, jugeaient prudent de se tenir sur la défensive et voulaient se replier sur la capitale pour la protéger contre les armées allemandes, tandis que le ministre de la guerre, sans inquiétude pour Paris, demandait que l'armée de Châlons allât à Metz débloquer Bazaine. Cette entreprise s'exécutait sans difficulté et avec un plein succès dans l'esprit du comte de Palikao : en s'avançant rapidement par Vouziers, Stenay, Montmédy et Thionville, l'armée de Châlons tournait le prince de Prusse qui se trouvait alors sur la Marne, et elle le prévenait devant Metz. Quant aux deux autres armées allemandes, elles ne lui présentaient pas d'obstacles sérieux; Mac-Mahon renversait celle du prince de Saxe, trop faible pour l'arrêter, puis il obligeait le prince Frédéric-Charles à lui livrer passage, ou, s'il résistait, il le prenait entre deux feux avec Bazaine et l'écrasait. L'impératrice se prononçait aussi vivement pour ce parti, par crainte que l'abandon de Bazaine à Metz et la présence de Napoléon à Paris ne produisissent dans le peuple une convulsion funeste à la dynastie. Les pourparlers sur cette question causèrent une perte de temps regrettable. Finalement, le maréchal dut se rendre aux injonctions du cabinet des Tuileries, et le 21 août, après avoir incendié le camp de Châlons, il se mit en route pour gagner la Meuse par Reims et Vouziers. Mais, faute d'organisation, de renseignements exacts sur les mouvements de l'ennemi et peut-être aussi de foi dans la réussite de sa tentative, il n'avança qu'avec lenteur. Après des marches et des contre-marches sous la pluie, dans des chemins étroits et boueux, il déboucha seulement le 27 dans la vallée de la Meuse; c'était trop tard. Informé, par un télégramme venu de Londres, que Mac-Mahon avait quitté Châlons et pris la direction du Nord, de Moltke avait aussitôt averti le prince de Saxe et le prince de Prusse de laisser la route de Paris pour se porter sur la Meuse, et les généraux allemands, dégagés de toutes préoccupations politiques, s'étaient empressés d'exécuter ce mouvement : cent mille Allemands, annonçaient à Mac-Mahon des paysans fugitifs, occupaient le

Désaccord entre Mac-Mahon et le ministre sur sa destination.

Hésitations et lenteurs du maréchal.

pays entre l'Aisne et la Meuse. Le maréchal résolut de s'arrêter devant cet obstacle, et le 27 au soir donna l'ordre de battre en retraite sur Paris. Le lendemain donc, dès la pointe du jour, nos troupes commencèrent à revenir sur leurs pas, mais en apprenant cette décision, le ministre, qui se croyait mieux renseigné que le maréchal sur la position des armées étrangères, répliqua par l'ordre formel de marcher sur Montmédy, ajoutant : « Vous avez au moins trente-six heures d'avance sur l'ennemi, » ce qui était une erreur, puisqu'à ce moment l'infanterie saxonne arrivait à Stenay, et que le gros de l'armée du prince de Prusse pouvait atteindre nos troupes en douze heures de marche. Néanmoins Mac-Mahon obéit et commanda de faire volte-face. Mais le moral de nos soldats était affecté par ces contre-ordres qui trahissaient en haut lieu des désaccords ou des hésitations, et leurs forces s'épuisaient dans ces longues et pénibles manœuvres que contrariaient des difficultés de toute nature. C'était, en effet, à une armée de plus de cent mille hommes, et dans les défilés des Ardennes, qu'on imposait ces changements de front; les chevaux manquaient d'avoine, une pluie torrentielle tombait nuit et jour, le pain même faisait défaut, en sorte qu'après avoir piétiné pendant une journée dans la boue, les soldats étaient réduits, le soir, à manger quelques pommes de terre arrachées dans les champs, et à camper sur un sol détrempé.

Souffrances de l'armée.

Pendant ce temps-là, l'ennemi nous dépassait de vitesse, et courait garder la Meuse. Déjà, le 27 août, de Failly (5e corps), qui marchait à droite, s'était heurté aux uhlans saxons, près de *Buzancy*, au sortir du défilé de la Croix-aux-Bois. Mac-Mahon, prévoyant donc que la route de Stenay allait devenir impraticable, fit avertir de Failly de se rapprocher des autres corps, qui s'avançaient par Stonne et Raucourt, et de venir, comme eux, passer la Meuse à Mouzon. Malheureusement, le capitaine de Grouchy, porteur de ce message, ayant été arrêté par les Allemands, de Failly poursuivit son chemin, et dut encore faire le coup de feu sur le plateau de *Bois-des-Dames*, près de *Nouart*. Enfin il connut, par un second courrier, les instructions du maréchal, mais trop tard; il ne par-

Affaire de Buzancy,

de Bois-des-Dames.

vint que le 29, fort avant dans la nuit, auprès du village de *Beaumont*, où ses régiments, harassés de fatigue, s'entassèrent pêle-mêle pour prendre leur campement. De Failly, croyant que l'ennemi était loin en arrière, ne se précautionna pas même contre une surprise, et laissa ses troupes se reposer le lendemain, pendant toute la matinée. Or, vers onze heures, au moment où nos soldats étaient occupés, les uns à faire la soupe, les autres à nettoyer leurs armes ou à soigner leurs chevaux, des nuées d'Allemands apparurent soudain sur la lisière des bois qui s'étendent en hémicycle au sud de Beaumont : c'était le prince de Saxe avec cinquante mille hommes et cent quinze pièces d'artillerie ! Au premier coup de canon qui partit de ses lignes, les Français plièrent bagage et coururent aux armes ; mais tous les généraux, à l'exception de M. de Fontanges, étaient dans le village de Beaumont, au quartier général ; chefs et soldats se cherchaient les uns les autres, sous les balles et les boulets, au milieu d'une affreuse confusion. A peine formés, nos régiments ripostèrent avec énergie, et, tout en combattant pour contenir l'ennemi, qui menaçait de les envelopper, précipitèrent leur retraite sur Mouzon. Ils y arrivèrent à sept heures du soir, mais dans quel état ! Ils avaient perdu dix-huit cents hommes tués ou blessés, et trois mille prisonniers. Ce malheur était le résultat d'un accident aggravé par l'imprévoyance du général de Failly. Le même jour, le général Douay, poursuivi par les Bavarois, subit aussi des pertes assez considérables au combat de *Warniforêt*, au nord de Beaumont, et à *Remilly*, au passage de la Meuse. Craignant un malheur plus grand encore, Mac-Mahon renonça de nouveau à marcher sur Montmédy, et donna l'ordre à Ducrot et à Lebrun, qui se trouvaient alors entre Douzy et Carignan sur le Chiers, de prendre la route de Sedan. Le 30 août au soir, l'armée de Châlons, épuisée de fatigue et dévorée de faim, s'entassa sous les murs de cette ville, c'est-à-dire au fond d'un entonnoir formé par les hauteurs de *Bazeilles* au sud, le ravin de la *Givonne* à l'est, et celui de *Floing* au nord.

Bataille de Beaumont.

Retraite sur Sedan.

Au lieu de quitter cette position dangereuse dès le 31, pour se retirer sur Mézières, le duc de Magenta, n'osant pas contrarier l'empereur, y laissa l'armée s'y reposer la journée entière; mais quand, le 1er septembre, il voulut fuir, il était trop tard! Pendant ce temps-là, en effet, le prince de Saxe avait franchi la Meuse à Mouzon, et le prince de Prusse, accouru en toute hâte de Vouziers, était parvenu à prendre possession du pont de Donchery, en aval de Sedan : ainsi, les armées allemandes gardaient la route de Mézières, et unies ensemble à l'ouest, entre Bazeilles et Donchery, elles commençaient déjà à nous envelopper.

La bataille s'engagea de bonne heure le 1er septembre. L'aurore paraissait à peine à l'horizon, qu'un coup de canon puis une vive fusillade se firent entendre au sud de Sedan : c'étaient les Bavarois qui, à la faveur d'une brume épaisse, avaient pénétré dans Bazeilles et qui cherchaient à en déloger une brigade d'infanterie de marine sous les ordres de Martin des Pallières. Les maisons, les rues, les enclos de ce village, devinrent bientôt le théâtre d'une affreuse mêlée où souvent les combattants se prirent corps à corps.

Attaque de Bazeilles.

Au premier bruit d'armes, Mac-Mahon avait sauté à cheval, et suivi d'un escadron de lanciers aux fanons blancs et rouges, s'était porté au galop dans la direction du sud-est pour observer par lui-même la situation. Une pluie de fer tombait autour du maréchal, que l'ennemi avait reconnu. Gravement atteint par un éclat d'obus, le commandant en chef de l'armée passa ses pouvoirs à Ducrot, que l'on ne trouva qu'après deux heures de recherches.

Mac-Mahon blessé.

Il était plus de huit heures. Le soleil avait dissipé les brouillards qui enveloppaient les vallées et les collines de la Meuse, et des masses noires de Prussiens apparaissaient sur les hauteurs qui s'élèvent entre Bazeilles et Givonne. On annonçait aussi que l'ennemi venait de faire son apparition au nord, du côté de Floing : le salut de l'armée était donc gravement compromis. Néanmoins Ducrot accepta le périlleux honneur qui lui était décerné, et sans perdre un moment, donna l'ordre aux différents chefs de corps de se concentrer sur le plateau d'Illy, au nord de Sedan, afin d'échapper aux Prussiens en filant sur Mézières. La division Wolf, du 1er corps, devait protéger la retraite. Ce mouvement était en voie d'exécution, lorsque le général de Wimpfen, récemment arrivé d'Algérie pour remplacer le général de Failly à la tête du 5e corps, produisit une lettre du cabinet des Tuileries qui le nommait commandant en chef « dans le cas où il arriverait malheur au maréchal. » Ducrot lui céda la place et reprit son poste. Au lieu de laisser les troupes continuer leur marche sur Mézières, de Wimpfen leur ordonna de reprendre leur première position : cette décision anéantit tout espoir de salut.

De Wimpfen commandant en chef.

A dix heures, les Bavarois entrent dans Bazeilles, livrent ce village aux flammes, massacrent sans pitié ses habitants et se jettent sur Balan et la Moncelle. Bientôt le prince de Saxe s'avance sur Givonne, à l'est, pendant que le prince de Prusse s'établit sur le plateau de Floing et descend de là jusqu'au calvaire d'Illy. Le général Douay, comprenant que tout est perdu si l'ennemi conserve ces hauteurs, fait appel au patriotisme de ses soldats, et secondé par les généraux Dumont, Conseil-Dumesnil et Liégeard, escalade les hauteurs d'Illy. Pendant trois heures nos artilleurs tiennent dans cette position, mais broyés avec leurs pièces par les obus et les boulets et réduits à une poignée d'hommes, ils sont obligés de se retirer. Enfin Ducrot veut tenter un dernier effort pour s'ouvrir une issue du côté de Floing; mais il faut avant tout dégager le plateau d'Illy, d'où les Prussiens dominent la route de Mézières.

Héroïques efforts de Douay, de Ducrot et Galiffet, au Calvaire d'Illy.

C'est impossible. Le général Margueritte a la bouche traversée d'une balle en essayant une reconnaissance sur ce point; trois fois le général de Galiffet, qui a pris le commandement de sa division, s'élance sur le plateau, et trois fois il va se briser contre les lignes prussiennes, où il laisse ses escadrons. Comme à Morsbronn, nos cavaliers se sont généreusement sacrifiés pour l'honneur de la France.

Il est quatre heures, désormais tout est fini : deux cent cinquante mille Allemands gardent avec cinq cents bouches à feu toutes les hauteurs et nous tiennent enfermés dans un cercle de fer. Ecrasées par leurs feux convergents, nos troupes refluent de tous côtés sur Sedan. Invité par Wimpfen à se mettre à la tête des troupes et à s'ouvrir un passage à travers les rangs ennemis, Napoléon refuse, et pour éviter la destruction de la ville, fait arborer le drapeau blanc. Il était cinq heures du soir.

Aussitôt, le général Reille alla annoncer la reddition de l'empereur au roi Guillaume, qui se tenait avec M. de Bismarck dans un pavillon construit derrière le bois de la Marfée, d'où il avait assisté à la bataille. Guillaume accepta cette nouvelle le visage rayonnant de joie, et fit prier son prisonnier de munir un de ses officiers de pleins pouvoirs pour signer la capitulation. Dès le soir, le général de Wimpfen, auquel revenait cette pénible mission, s'aboucha avec de Moltke, le plénipotentiaire de Guillaume. Le vainqueur fut exigeant, il fallut lui livrer avec le souverain l'armée entière, c'est-à-dire quatre-vingt-six mille hommes, dont un maréchal et trente-neuf généraux, six cents pièces d'artillerie et dix mille chevaux. Jamais la France n'avait subi un pareil désastre (2 septembre).

Capitulation de l'armée.

Après être demeurés quelques jours sans vivres et exposés à la pluie, dans la presqu'île de Glaires, en aval de Sedan, nos malheureux soldats furent dirigés sur l'Allemagne, où ils eurent à subir toutes les rigueurs de la captivité. Le général Ducrot, qui s'était signalé par sa sollicitude pour nos troupes, reçut l'ordre d'aller à Pont-à-Mousson se mettre au service des autorités allemandes. Ducrot, fidèle à un engagement d'honneur qu'il avait souscrit, se rendit au lieu désigné ; mais, une fois arrivé là, libre de tout engagement et mal gardé, il s'évada et regagna Paris.

Quant à Napoléon III, dont le règne était fini, il fut conduit à Wilhelmshohe, près de Cassel, que son oncle Jérôme avait fait bâtir au temps où il était roi de Westphalie. A la fin de la guerre, il fut mis en liberté ; il se retira avec son fils et l'impératrice Eugénie au château de Chislehurst, près de Londres. C'est là qu'il mourut le 9 janvier 1873. L'ex-prince impérial périt sous l'uniforme anglais, le 1er juin 1879, dans une expédition contre les Zoulous.

La révolution du 4 septembre et l'investissement de Paris. — *Le gouvernement de la Défense nationale. Etat militaire de Paris. L'entrevue de Ferrières. Combat de Châtillon. Insurrection du 31 octobre.* — En se répandant en France, les nouvelles de la capitulation de Sedan et de la captivité de l'empereur produisirent ici une morne stupeur, là une violente indignation; elles réveillèrent partout le patriotisme. Au premier bruit de la catastrophe, les députés se réunirent au Palais-Bourbon pour aviser aux mesures à prendre en ces graves circonstances (nuit du 3 au 4 septembre). Jules Favre proposa de décréter la déchéance de la dynastie et de nommer une Commission investie de tous les pouvoirs de gouvernement pour résister à l'invasion. Le comte de Palikao demanda la création d'un Conseil de gouvernement de défense nationale, composé de cinq membres et présidé par le ministre de la guerre, qui prendrait le titre de lieutenant général. Enfin, Thiers émit l'avis que la Chambre, en attendant la convocation d'une Constituante, nommât une Commission de gouvernement et de défense nationale. L'étude de ces trois propositions fut aussitôt confiée à une commission et la séance suspendue. Vers midi, les députés furent invités de nouveau à se réunir pour entendre le rapport de la commission. Mais la foule envahit le Palais-Bourbon, en ferma l'accès à un grand nombre de représentants, et, par son tapage, obligea le président Schneider à lever la séance. Alors Gambetta prononça la déchéance de la dynastie impériale, puis, suivi de Jules Favre, des autres députés de Paris et du peuple, se rendit à l'Hôtel de ville pour y proclamer la république. Là, pendant que l'impératrice partait pour aller rejoindre le Prince impérial en Angleterre et que deux cents députés, réunis sous la présidence de M. Alfred Leroux, dans la salle à manger du Palais-Bourbon, discutaient encore sur les propositions déposées le matin, les députés de Paris, MM. Emmanuel Arago, Crémieux, Jules Favre, Jules Ferry, Jules Simon, Gambetta, Garnier-Pagès, Glais-Bizoin, Eugène Pelletan, Ernest Picard, Henri Rochefort, s'attribuaient le pouvoir et formaient le *gouvernement de la Défense nationale*, dont la présidence était

Réunion des députés.

Proclamation de la déchéance de la dynastie impériale par Gambetta.

Les membres du gouvernement. décernée à Trochu, gouverneur de Paris [1]. Informé par J. Simon et J. Favre de ce qui venait de se passer à l'Hôtel de ville, le Corps législatif, le seul pouvoir légitime existant encore, suivit l'avis de Thiers, qui lui conseillait de se retirer avec dignité, sans reconnaître ni combattre le nouveau gouvernement. « Je réprouve, disait l'homme d'Etat, l'acte qui s'est accompli aujourd'hui, mais je songe que nous sommes en présence de l'ennemi qui est près de Paris. » Le Sénat s'éteignit aussi sans bruit. A l'exemple du Corps législatif, la France, ne faisant attention qu'aux terribles armées prussiennes, accepta par patriotisme la révolution qui venait de s'opérer.

Le ministère. Voici comment fut composé le nouveau ministère : J. Favre, vice-président du gouvernement, eut les affaires étrangères; Gambetta, l'intérieur; le général Leflô, la guerre; l'amiral Fourichon, la marine; Crémieux, la justice; Picard, les finances; M. J. Simon, l'instruction publique et les cultes; Dorian, les travaux publics; M. Magnin, l'agriculture et le commerce.

Ainsi organisé, le Gouvernement supprima le Sénat, prononça la dissolution du Corps législatif, convoqua les électeurs pour le 16 octobre, à l'effet de nommer une Constituante, accorda une amnistie complète, dont V. Hugo, Ledru-Rollin, L. Blanc, E. Quinet, profitèrent pour rentrer à Paris, expulsa les Allemands de la capitale, changea les fonctionnaires, et, dans la crainte que l'investissement de Paris n'isolât les départements du pouvoir central, envoya une Délégation composée de Crémieux, Glais-Bizoin et de l'amiral Fourichon, s'établir à Tours.

La Délégation de Tours.

Poursuivant activement les travaux commencés par le comte de Palikao, le gouvernement acheva de mettre Paris en état de défense. On y fit entrer d'immenses approvisionnements, et on transforma les environs en

[1] Jules Trochu, né en 1815, à Palais (Belle-Ile, Morbihan), s'était distingué en Algérie, en Crimée et en Italie. Ayant publié en 1867, sans nom d'auteur, *l'Armée française*, il avait été depuis lors laissé à l'écart jusqu'à l'époque de nos premiers désastres; le 17 août, l'empereur l'avait nommé gouverneur de Paris et commandant en chef de toutes les forces destinées à la défense de la capitale.

désert. Les routes furent coupées, les quinze forts qui couvrent la ville munis de grosses pièces de canon, et les remparts garnis de bouches à feu, que fabriquèrent les usines de l'industrie privée, particulièrement l'usine Cail et l'usine Claparède, à Saint-Denis.

Etat militaire de Paris.

Les hommes ne manquaient pas. Il y avait dans Paris cent quinze mille mobiles, deux cent cinquante mille gardes nationaux, quatorze mille marins, venus des ports avec leurs officiers, cinquante mille hommes de troupes régulières, et, pour les commander, les généraux Ducrot, Regnault et Vinoy, qui, après la bataille de Sedan, avait réussi à ramener le 13e corps de Mézières à Paris. Mais ces troupes, peu habituées à la discipline militaire, ne formaient point des armées ; quelques bataillons de la garde nationale semblaient même plus disposés à faire des émeutes à l'intérieur qu'à courir aux remparts. On mit une partie des mobiles dans les forts avec les marins, et on versa l'autre dans l'armée régulière. Quant à la garde nationale, placée sous le commandement du général Tamisier, elle fut chargée de garder l'enceinte de la place.

Avec de pareils éléments, les chefs militaires ne pouvaient avoir foi dans le succès. « Nous allons faire une folie héroïque, » disait lui-même Trochu, qui ne croyait pas pouvoir tenir plus de trois semaines. Aussi, avant de commencer la lutte, le gouvernement de la Défense nationale essaya-t-il de désarmer la Prusse. J. Favre alla trouver M. de Bismarck au château de Ferrières, propriété de M. de Rothschild, mais l'entente fut impossible, car M. de Bismarck demandait, avec les frais de la guerre, l'Alsace et la Lorraine, et J. Favre ne voulait abandonner « ni un pouce de notre territoire, ni une pierre de nos forteresses. » Il ne put même obtenir un armistice (18-20 septembre). Thiers, qui parcourut l'Europe pour solliciter l'intervention des puissances en notre faveur, ne réussit pas mieux ; il reçut partout de bonnes paroles, mais ne trouva pas un allié prêt à agir. A Londres, M. Gladstone était partisan de la politique de non-intervention, et, d'ailleurs, le prince de Prusse était le gendre de la reine Victoria ; à Saint-Pétersbourg, on se souvenait toujours de Sébastopol ; à Vienne, de Magenta et de Solférino ; à

L'entrevue de Ferrières.

Voyages de Thiers.

Florence, on les oubliait pour se rappeler seulement que c'était à M. de Bismarck que l'on devait la Vénétie et Rome. Voyant donc qu'il ne restait qu'à combattre, le gouvernement ajourna les élections à une époque plus favorable, et se disposa à soutenir la lutte.

Arrivée des Prussiens sous Paris.

Le gouvernement en face des Prussiens et des anarchistes. — Dès le 18 septembre, le prince de Prusse, qui avait descendu la vallée de la Marne, et le prince de Saxe, qui avait suivi celle de l'Oise, apparurent à l'est de Paris. La citadelle de *Laon*, qui se trouvait sur leur route, s'était rendue, dès le 9 septembre, presque sans résistance. Ducrot courut attaquer à *Châtillon* le prince de Prusse, qui, après avoir traversé la Seine à Villeneuve-Saint-Georges, se dirigeait sur Versailles par la vallée de la Bièvre, mais la panique s'empara de ses troupes, et il dut laisser l'ennemi prendre position sur les hauteurs au sud de Paris. Dès lors, maîtres des voies ferrées entre l'Allemagne et les bords de la Seine, assurés, conséquemment, que les subsistances ne manqueraient pas, deux cent cinquante mille Allemands prirent position avec neuf cents bouches à feu autour de la capitale, et, au grand étonnement des hommes versés dans l'art militaire, l'investirent de toutes parts. Du 19 septembre au 28 janvier, des pigeons voyageurs ou des ballons allaient seuls apporter aux assiégés des nouvelles de la province. Le roi de Prusse s'établit avec de Moltke et le comte de Bismarck à Versailles.

Combat de Châtillon.

Avant d'engager une grande bataille, il importait d'aguerrir nos troupes : le combat de Châtillon ne l'avait que trop bien démontré. Parmi les principales rencontres offensives qu'elles eurent alors, notons celles de *Villejuif* et de *Chevilly* (23 et 30 septembre), de *Bagneux* et de *Malmaison* (13 et 21 octobre). Mais ces escarmouches, où les Allemands avaient presque toujours conservé l'avantage, grâce à la concentration rapide de leurs forces sur les points menacés, ne satisfaisaient point généralement la population de Paris ; on se plaignait de l'inaction de Trochu et l'on demandait une sortie en masse. Le parti avancé, dirigé par Delescluze, Gustave Flourens, M. Félix Pyat, Blanqui, excitait encore les esprits contre le gou-

Combats de Villejuif et de Bagneux.

vernement, qu'il accusait d'incapacité et même de trahison. Aussi, à la nouvelle de la perte du *Bourget*, que nos troupes avaient occupé pendant deux jours, et de la capitulation de Metz, le mécontentement fit explosion. Le 31 octobre, les gardes nationaux de Bellevillle, conduits par Flourens et Blanqui, envahirent l'Hôtel de ville aux cris de « *Guerre à outrance! Une Commune!* » Sommés de donner leur démission, les membres du gouvernement de la Défense refusèrent et furent enfermés dans la salle du Conseil. Mais bientôt des mobiles d'Ille-et-Vilaine et des bataillons de gardes nationaux dévoués au parti modéré accoururent à l'Hôtel de ville et délivrèrent les prisonniers. Les Parisiens étaient d'ailleurs en grande majorité contre le parti avancé. Interrogés le 3 novembre par un plébiscite s'ils maintenaient, *oui* ou *non*, les pouvoirs du gouvernement de la Défense nationale, près de 600,000 répondirent *oui* contre 62,000 qui répondirent *non*. Alors, M. Rochefort donna sa démission ; le général Tamisier, qui commandait la garde nationale, en fit autant et fut remplacé par Clément Thomas.

Insurrection du 31 octobre.

Au milieu de ces embarras intérieurs, le gouvernement, sur l'initiative des grandes puissances neutres de l'Europe, avait encore ouvert des négociations avec M. de Bismarck. Il s'agissait seulement d'obtenir un armistice, afin que la France pût élire une assemblée qui traiterait de la paix. Mais ces pourparlers n'obtinrent aucun résultat, car le ministre prussien ne consentait au ravitaillement de Paris pendant la durée de l'armistice, qu'à la condition qu'on lui livrât le fort du Mont-Valérien, ce qui, si la paix n'était pas signée, rendait la résistance de Paris impossible. Les négociations rompues (5 novembre), le gouvernement de la Défense nationale renonça aux élections et ne pensa plus qu'à poursuivre la guerre ; mais il comptait beaucoup plus, pour obtenir la délivrance de Paris, sur les armées de la province que sur celles de la capitale.

Nouvelles négociations.

La délégation de Tours et la province. — *Dictature de Gambetta. Capitulations de Strasbourg, (28 septembre) et de Metz (27 octobre).* — La province ne promettait point les espérances que fondait sur elle le gouvernement de la capitale. Envahie et dévastée par les Allemands, qui couraient librement du Rhin à la Loire, désorganisée par la révolution du 4 septembre, qui avait chassé de toutes les places les fonctionnaires de l'empire, pour y mettre des hommes remuants et sans expérience de l'administration, elle était impuissante à se défendre elle-même. Et malheureusement, en présence de cet état de choses, les membres de la Délégation de Tours, auxquels incombait la tâche de réunir toutes les forces du pays, pour endiguer le flot toujours montant de l'invasion, ne comprenaient point tous leur devoir. Pendant que Fourichon, chargé par délégation du ministère de la guerre, travaillait à créer une armée avec des troupes qu'il faisait venir d'Afrique et des dépôts, Crémieux et Glais-Bizoin ne pensaient qu'à profiter de leur pouvoir pour satisfaire des intérêts de parti. Ces préoccupations politiques amenèrent promptement une rupture ; dès le 5 octobre, Fourichon, en désaccord avec ses collègues, résigna ses fonctions.

Désaccord dans la Délégation.

Pendant ce temps-là les troupes allemandes avançaient. Déjà Von der Thann, que le quartier général prussien de Versailles avait détaché de l'armée qui bloquait Paris, arrivait sur la Loire et menaçait Orléans. Le général de La Motte-Rouge devait protéger cette ville, à laquelle sa position sur le grand fleuve, au point d'intersection des chemins de fer de l'Ouest, donne une si grande importance stratégique; mais n'ayant que vingt-cinq mille hommes, réunis à la hâte, à opposer aux trente-trois mille soldats aguerris de Von der Thann, il se replia derrière la Loire, après avoir subi une petite défaite à *Artenay* (10 octobre), et le lendemain, *Orléans*, exposé aux bombes des Prussiens, leur ouvrit ses portes. Le 18 octobre, *Châtcaudun* dut également se rendre à l'ennemi.

Perte d'Orléans.

Informé du désaccord qui régnait parmi les membres de la Délégation, Gambetta, ministre de l'intérieur, sortit de Paris en ballon, le 7 octobre, descendit à Montdidier, dans la Somme, et de là se rendit à Tours, où il arriva trois jours après. Entreprenant et actif, le jeune avocat mit à sa remorque ses deux collègues, le vieux juif Cré-

Arrivée de Gambetta à Tours.

mieux et le « bon » Glais-Bizoin, et secondé par un ingénieur, M. de Freycinet, qu'il nomma délégué à la guerre, il agit et parla en souverain absolu.

Sa dictature.

L'imagination pleine de prétendus exploits accomplis en 1792 et 1793, par les armées de volontaires, Gambetta avait le tort de croire qu'il suffirait, pour délivrer la France de l'invasion, de réunir des masses d'hommes et de les jeter au devant des armées allemandes; il avait le tort, plus grave encore, de se juger capable de diriger les opérations militaires; il s'appliqua donc avec un zèle infatigable, digne certainement d'un succès meilleur que celui qu'il obtint, à tracer des plans de campagne et à préparer des troupes. Afin d'avoir l'armée entière à sa disposition, il fit publier, dès le 13 octobre, un décret qui suspendait les règles sur l'avancement, permettait des promotions exceptionnelles pour services rendus et preuves de capacité, et autorisait la collation des grades à des personnes étrangères. La Délégation avait porté, dès le 29 septembre, un décret prescrivant aux préfets d'organiser immédiatement en compagnies de gardes nationaux tous les Français de vingt et un à quarante ans, non mariés ou veufs sans enfants, et de soumettre ces compagnies au service militaire, afin qu'elles pussent être mises, en cas de besoin, à la disposition du ministère de la guerre; mais ce décret était resté lettre morte; le dictateur en prescrivit immédiatement l'exécution, et bientôt on vit, dans les campagnes comme dans les villes, tous les hommes en état de porter les armes se livrer aux exercices militaires. Il institua, pour la formation des mobilisés, quatre grands commandements : celui du Nord, confié au général Bourbaki, à Lille; celui de l'Ouest, au général Fiereck, au Mans; celui du centre, au général Polhès, à Bourges; celui de l'Est, au général Cambriels, à Besançon. Quand il arriva à Tours, la France se fractionnait; des ligues du Sud-Ouest et du Midi s'étaient formées à Toulouse et à Marseille, dans le but d'organiser une défense distincte; il les fit rentrer dans l'obéissance commune. En présence des Allemands, paraissant imposer silence à ses passions politiques, il fit appel à tous les hommes de bonne volonté, et tendit la main aussi bien à

Charette, qui demandait à combattre avec les zouaves pontificaux, sous la bannière du Sacré Cœur, qu'à Garibaldi, accouru de Caprera pour se placer à la tête de bandes d'aventuriers. Ces troupes manquaient de vêtements et d'armes, Gambetta leur en procura en contractant en Angleterre, avec la maison Morgan, un emprunt de 250 millions à 5 pour 100, au taux d'émission de 85 fr. Toutefois, il ne parvint qu'à réunir des masses d'hommes et n'organisa point d'armées, car *les armées ne s'improvisent pas*. Beaucoup de bruit, de mouvement et d'agitation, et finalement d'immenses ruines, voilà tout ce que produisit le gouvernement de Gambetta ; aussi, des hommes autorisés, comme Thiers, n'ont-ils pas craint d'appeler sa politique une politique de « fou furieux, » et sa dictature, « la dictature de l'incapacité. »

Porte de Toul et de Strasbourg.

Cependant les places fortes que les Allemands avaient laissées derrière eux, en s'avançant vers les bords de la Loire, étaient contraintes, faute de secours, de leur ouvrir leurs portes. *Toul*, incapable de tenir devant l'artillerie prussienne qui occupait les hauteurs environnantes, se rendit le 23 septembre. *Strasbourg*, bloqué le 12 août par le général Werder à la tête d'un corps de Badois et de Wurtembergeois, donna l'exemple d'une héroïque résistance. Pour hâter la soumission de cette place, Werder la couvrit d'obus, qui dévastèrent sa riche bibliothèque, son musée, sa cathédrale, l'une des merveilles de l'architecture gothique, et quantité de maisons particulières. Les ambulances elles-mêmes ne furent pas toujours des asiles inviolables pour ces barbares conquérants. Le général Uhrich, gouverneur de la place, l'évêque Mgr Ræss, puis des délégués du peuple suisse, sollicitèrent tour à tour la libre sortie des vieillards, des femmes et des enfants. Werder s'y refusa et répondit que c'était sur cette population qu'il comptait pour obtenir la capitulation de la cité. Le 8 septembre, il laissa sortir néanmoins environ deux mille personnes, qui trouvèrent en Suisse une généreuse hospitalité. Enfin, le 28 septembre, après quarante-six jours de siège et quarante-deux de bombardement, Strasbourg capitula. Depuis ce jour, le drapeau de l'étranger flotte sur ses remparts. Un mois plus tard, la France faisait une autre perte non moins regrettable et beaucoup plus désastreuse.

Après s'être laissé envelopper sous les murs de Metz par les armées de Frédéric-Charles et de Steinmetz, Bazaine fit peu d'efforts pour rompre les lignes ennemies. Pourtant, informé, le 23 août, que Mac-Mahon venait à son secours, il prescrivit une sortie par la rive droite de la Moselle et se mit en route dans la direction de Thionville ; mais, surpris par un orage, il s'arrêta, et, devant un conseil de guerre, émit l'avis qu'il devait rester dans Metz, afin de tenir deux cent mille Allemands occupés devant la ville, et de donner ainsi le temps à la France d'organiser de nouvelles armées. En même temps, le général Soleille, commandant de l'artillerie, déclarait qu'il n'y avait plus de munitions que pour une bataille. Cédant aux instances de l'empereur, Bazaine fit, le 31 août, une nouvelle tentative sur la rive gauche, vers *Noisseville* et *Servigny*. Il emporta toutes les positions qu'il attaqua. Mais, n'ayant pas l'intention de franchir les lignes prussiennes, il n'avait engagé l'action que vers quatre heures du soir, et quand, le lendemain, il recommença la lutte, il se trouva arrêté par l'ennemi, qui avait augmenté ses forces sur ce point pendant la nuit, et il dut rétrograder. Depuis lors, il ne livra que le combat sans importance de *Ladonchamps*.

Capitulation de Bazaine à Metz, 27 octobre.

A la nouvelle du désastre de Sedan, Bazaine ouvrit des négociations avec Frédéric-Charles et M. de Bismarck, qui firent semblant de les prendre au sérieux, mais ils n'avaient d'autre pensée que de l'entretenir dans l'illusion et de le forcer à capituler sans condition, après l'avoir laissé épuiser ses ressources. Bientôt Bazaine, voyant ses vivres diminuer, envoya le général Boyer porter à Versailles ses propositions définitives : l'armée française s'engagerait à ne plus combattre contre la Prusse pendant la guerre, et sortirait de Metz avec armes et bagages. M. de Bismarck se garda bien de rebuter Bazaine, encore capable peut-être de lui échapper. Il se déclarait prêt à souscrire le traité ; il demandait seulement qu'il fût, auparavant, sanctionné par l'impératrice, qui se trouvait à Chislehurst (18 octobre). Le général Boyer et Bourbaki se rendirent donc aussitôt en Angleterre, mais l'impératrice ne voulut point accepter la responsabilité du traité. Les Prussiens avaient atteint leur but; pendant ces négociations, les vivres de Bazaine s'étaient épuisés, les privations et les maladies avaient réduit Metz à la dernière extrémité. Le 27 octobre, Bazaine fut obligé de se rendre. Cette capitulation livrait à l'ennemi cent soixante-dix mille hommes, dont trois maréchaux de France (Bazaine, Lebœuf, Canrobert), cinquante-trois drapeaux, treize mille chevaux, seize cent soixante-cinq canons, et plus de deux cent mille fusils. La nouvelle de la reddition de Metz causa en France une aussi vive émotion que le désastre de Sedan ; on avait compté jusque-là sur l'armée de Bazaine pour sauver la patrie [1]. Les autres places de l'Est ne se rendirent qu'après une héroïque résistance. *Verdun*, que défendait le général Guerin de Waldesbach, succomba le 9 novembre; mais sa garnison sortit avec les honneurs de la guerre. *Thionville* capitula le 25 novembre; *Phalsbourg*, où était enfermé le commandant Taillant, le 12 décembre, et *Montmédy* le 24 du même mois. Bitche et Belfort bravèrent les obus prussiens jusqu'à la fin de la guerre. Paris lui-même, la capitale de la France, devait avoir le sort de Strasbourg et de Metz; pourtant, d'énergiques efforts furent tentés du côté de la Loire et de la Somme, pour obtenir sa délivrance.

Opérations de d'Aurelles et de Chanzy sur la Loire. — *Coulmiers. Beaune-la-Rolande. Artenay. Vendôme. Déroute du Mans.* — Le général d'Aurelles de Pala-

[1] Traduit, le 6 octobre 1873, devant un conseil de guerre siégeant au Grand-Trianon et présidé par le duc d'Aumale, Bazaine fut condamné, le 10 décembre, à la peine de mort, avec dégradation militaire, pour n'avoir pas fait ce que lui prescrivaient le devoir et l'honneur. Mais après avoir rendu cette sentence, tous les membres du tribunal signèrent un recours en grâce, et Mac-Mahon, alors président de la république, commua la peine de son ancien compagnon d'armes en vingt années de détention, avec dispense de la dégradation. Enfermé à l'île Sainte-Marguerite, il s'évada au bout de quelques mois (nuit du 9 au 10 août 1874), gagna l'Italie et de là se rendit en Suisse, au château d'Arenenberg, où il fut bien accueilli par l'ex-impératrice. Il est mort à Madrid, le 24 septembre 1888, à l'âge de soixante-dix-sept ans.

dines [1], ayant remplacé de La Motte-Rouge à la tête du 15e corps, se retrancha dans le camp de Salbris, sur la rive gauche de la Souldre, pour instruire et discipliner ses troupes. A la fin du mois d'octobre, il se disposait à cerner Von der Thann dans Orléans, avec les 16e et 17e corps, qu'on avait aussi placés sous son commandement, mais la Délégation changea son plan; elle décida que d'Aurelles viendrait rallier à Blois le 16e corps, et qu'il se dirigerait par la rive droite de la Loire sur Orléans, pendant que Martin des Pallières, passant le fleuve à Gien, irait attaquer la ville du côté de l'est. Von der Thann déjoua cette combinaison en se rapprochant de Châteaudun. Pourtant, il fut atteint par d'Aurelles et Chanzy à *Coulmiers*, et, après neuf heures de combat et une perte de quinze cents hommes, obligé de battre en retraite (9 novembre). La nuit suivante, les Prussiens évacuèrent Orléans, que le général Cathelineau occupa avec les volontaires bretons. Le lendemain, Martin des Pallières, arrivé trop tard pour prendre part à la bataille, enleva encore à Von der Thann deux pièces de canon, une centaine d'hommes et un convoi de munitions. Ensuite, au lieu de poursuivre l'ennemi, Chanzy, contrairement aux avis de la Délégation, se replia sur Orléans, où il se fortifia.

Commandement de d'Aurelles.

Victoire de Coulmiers.

Rentrée des Français dans Orléans.

La victoire de Coulmiers, où soixante-cinq mille Français avaient lutté contre vingt-deux mille Allemands, et perdu autant d'hommes que leurs adversaires, était importante néanmoins par ses résultats. Orléans se voyait délivré, le courage de nos jeunes soldats, « de nos collégiens, » ainsi que les appelaient les Prussiens, était affermi, et l'espérance rendue à la capitale. Déjà Gambetta et Trochu se concertaient en vue d'amener les armées de Paris et de la Loire à se donner la main ; mais après la

[1] D'Aurelles de Paladines, né à Malzieu (Lozère) en 1804, était sorti de Saint-Cyr en 1822. Il avait servi en Afrique de 1841 à 1848, et fait la campagne de Crimée, où il avait conquis le grade de général de division en s'emparant du fort de la Quarantaine. Mis dans le cadre de réserve en 1869, il venait d'être rappelé au commandement de sa division à Marseille, lorsque le gouvernement du 4 septembre lui confia le commandement de la 1re armée de la Loire. Il est mort à Versailles, en 1877.

Désaccord entre la Délégation et d'Aurelles.

capitulation de Metz (27 octobre), le prince Frédéric-Charles accourut à marches forcées vers l'Ouest, et rallia le grand-duc de Mecklembourg, chargé de protéger le siège de Paris contre l'armée de la Loire. D'un autre côté l'accord ne régnait point entre la Délégation et d'Aurelles, qui, depuis le 14 novembre, était commandant en chef de l'armée de la Loire. Appuyé à droite sur le fleuve, à gauche sur la forêt de Marchenoir, d'Aurelles voulait attendre dans cette position le choc de Frédéric-Charles, tandis que la Délégation exigeait qu'il se portât au-devant des colonnes prussiennes. Finalement, la Délégation résolut d'agir sans le général, et prescrivit à Crouzat et au colonel Billot d'aller, avec les 20e et 18e corps, arrêter Frédéric-Charles, qui prenait alors position entre Pithiviers et Montargis. Une bataille acharnée s'engagea à *Beaune-la-Rolande*, mais, à la fin, les Français furent obligés de battre en retraite (28 novembre).

Bataille de Beaune-la-Rolande.

Le 1er décembre, d'Aurelles, informé que l'armée de Paris combattait à Champigny pour rompre les lignes allemandes, se décida à marcher contre Frédéric-Charles, dont le quartier général était à Pithiviers, et le grand-duc de Mecklembourg, posté à la bifurcation de la route d'Orléans à Paris sur Chartres. Pendant quatre jours, cent soixante mille Français, la plupart jeunes et inexpérimentés, luttèrent avec vigueur contre cent quarante mille Allemands, aguerris et habitués à la victoire. Dans la première journée, Chanzy, appuyé par la division de l'amiral Jauréguiberry, chassa les Bavarois de *Villepion* et les rejeta sur Loigny, mais le lendemain, le duc de Mecklembourg concentra ses forces, isola Chanzy de d'Aurelles, et au prix de pertes énormes nous repoussa de *Loigny* et de *Patay*, où les zouaves de Charette, placés en première ligne sur le champ de bataille, se signalèrent par des prodiges de valeur. Dans la nuit du 2 au 3, Frédéric-Charles, ayant réuni en une seule masse cent dix à cent vingt mille hommes, nous battit à *Artenay*, perça notre armée, la coupa en deux, et le 4 au soir apparut devant Orléans, que d'Aurelles avait abandonné dans la crainte de s'y voir enfermer. Le 5, Orléans, menacé d'un bombardement, ouvrit ses portes au duc de Mecklembourg.

Batailles de Villepion, Loigny, Patay, Artenay.

Perte d'Orléans.

Dès le 6, Gambetta, sans égard pour les services rendus par d'Aurelles, le destitua, et des deux tronçons de l'armée de la Loire forma deux armées nouvelles : l'une qui devait achever son organisation à Bourges, sous les ordres de Bourbaki [1], pour devenir *l'armée de l'Est* (15e, 18e et 20e corps), et l'autre, la *deuxième armée de la Loire*, qui devait continuer à lutter sur le fleuve sous le commandement de Chanzy [2].

Commandement de Chanzy.

L'ancien soldat d'Afrique méritait cet avancement rapide ; avec de jeunes recrues démoralisées par le froid et la fatigue, il allait, pendant un mois, disputer le terrain pied à pied aux armées prussiennes, sans jamais se laisser surprendre, et en leur infligeant parfois des pertes sérieuses ; les marins Jauréguiberry et Jaurès, ses lieutenants, partagent avec lui l'honneur de cette retraite.

Combats de Josnes, Villarceau et Origny.

Après s'être établi dans Orléans, Frédéric-Charles envoya sa cavalerie à la recherche de Bourbaki, qu'elle ne sut pas découvrir, et il chargea le grand-duc de Mecklembourg d'attaquer Chanzy, qui, s'appuyant à la Loire à droite, et à la forêt de Marchenoir à gauche, couvrait Blois, Tours et le Mans. Chanzy, dont l'armée s'élevait au chiffre de cent mille hommes, soutint honorablement les combats de *Josnes*, *Villarceau* et *Origny* (7-10 décembre). Puis, voyant que les Prussiens, déjà maîtres de Meung et de Beaugency, cherchaient à le tourner par Blois, il se replia prudemment sur Vendôme, en dissimulant sa retraite derrière la forêt de Marchenoir. Il n'avait plus, d'ailleurs, à ce moment, de motif spécial de garder la Loire, car, dès le 9 décembre, la Délégation de Tours, qui attirait l'ennemi de ce côté, était partie pour aller s'établir à Bordeaux.

Poursuivi par les Allemands, et attaqué dans ses posi-

1 Rappelé de Lille le 18 novembre.

2 Chanzy, né le 18 mars 1823, à Nouart (Ardennes), sortit de Saint-Cyr sous-lieutenant au régiment de zouaves, le 1er octobre 1843. Il commandait en qualité de général de brigade en Algérie lorsque la guerre éclata. Tenu à l'écart par le général Lebœuf, qui lui refusa un commandement, il fut nommé général de division le 20 octobre 1870, par le gouvernement de la Défense, et, le 2 novembre suivant, commandant du 16e corps. Il est mort en 1883.

Combat de Vendôme.

tions entre Vendôme et Freteval, Chanzy se défendit pendant deux jours (14 et 15 décembre), et pour n'être pas enveloppé, se porta des bords de la Loire sur ceux de l'Huisne. Du 19 décembre au 5 janvier, pendant que le général Rousseau à Nogent-le-Rotrou, et la division de Jouffroy à Vendôme, ralentissaient le progrès de l'ennemi, il concentra ses troupes à l'est du Mans. Le froid sévissait avec une rigueur extraordinaire, la neige couvrait la terre, et nos soldats, après ces longues journées de marche, étaient obligés de passer la nuit sous la tente.

Bientôt libre du côté de la Loire par le départ de Bourbaki pour la Franche-Comté, Frédéric-Charles se précipita avec toutes ses forces dans la direction du Mans. Plusieurs petits combats, livrés du 6 au 10 janvier, présageaient qu'une action générale était imminente. Le 11, en effet, malgré la rigueur du froid, la bataille s'engagea sur toute la ligne, et partout les Allemands, qui cherchaient à nous envelopper, furent repoussés avec des pertes considérables. Mais, dans la nuit suivante, les mobilisés bretons, qui venaient d'arriver du camp de Conlie, ayant abandonné le poste de la Tuilerie à l'ennemi, Chanzy dut passer le lendemain sur la rive droite de la Sarthe. Soudain, au milieu de cette opération, l'armée fut saisie de panique, et la retraite se changea en déroute. Alors Chanzy se retira derrière la Mayenne, en soutenant, avec les bataillons qu'il avait pu maintenir dans le devoir, un combat d'arrière-garde à *Sillé-le-Guillaume*. Il rallia ses troupes aux environs de Laval, et lorsqu'il apprit qu'un armistice était signé (28 janvier), il était prêt à reprendre l'offensive avec cent soixante mille hommes.

Déroute du Mans.

Opérations de Faidherbe dans le Nord. — *Pont-Noyelles. Bapaume. Saint-Quentin.* — Dès la fin d'octobre, Bourbaki avait travaillé avec le colonel du génie Farre et de vieux officiers échappés au désastre de Sedan, à créer une armée autour de Lille (22e corps). Le 18 novembre, il était envoyé sur la Loire et remplacé provisoirement par Farre, qui continua son œuvre avec le titre de général. Mais déjà l'état-major allemand connaissait l'existence de cette armée, et s'en inquiétait. Aussitôt après la capitulation de Metz, il chargea donc Manteuffel de couvrir contre elle l'investissement de Paris. Peu après, le général prussien arriva de la Moselle sur l'Oise, y prit *Compiègne* et *Noyon*, afin de protéger les communications allemandes entre Reims et Paris, puis marcha contre Amiens. A cette nouvelle, le général Farre courut avec ses jeunes recrues au secours de la ville, et s'établit entre *Villers-Bretonneux* et la Somme, en prenant soin de tenir libre, sur ses derrières, le pont de Corbie. Attaqué dans cette position par Manteuffel, qui arrivait par les routes de Roye et de Montdidier, il soutint la lutte pendant toute une journée (27 novembre). Mais, comme il avait perdu Villers-Bretonneux à sa droite, il s'empressa de repasser la Somme pour aller se reformer dans les places du Nord. Le 28, Amiens se rendit à l'ennemi.

Le général Farre.

Bataille de Villers-Bretonneux.

Perte d'Amiens.

Après sa victoire, Manteuffel confia le soin de garder la Somme à von Gœben, et courut sur la basse Seine. Sur ce théâtre, il prit *Rouen* (5 décembre), rejeta le général Briand dans le Havre, et s'empara de Dieppe. Il se proposait de faire la conquête de tout le littoral jusqu'à Cherbourg, lorsqu'il apprit que ses lignes de la Somme étaient en danger. En effet, Faidherbe [1], nommé commandant en chef de l'armée du Nord, avait repris *Ham*, et cherchait à délivrer Amiens. Manteuffel revint donc de ce côté, et livra bataille à son adversaire à *Pont-Noyelles* (23 décembre). La lutte dura toute la journée, sans donner de résultats décisifs. Ensuite, Faidherbe étant allé chercher de nouvelles forces dans le Nord, Manteuffel remonta la Somme et mit le siège devant *Péronne*. Faidherbe reparut aussitôt et chassa les Prussiens de *Bapaume* (3 janvier). Mais sentant que ses forces n'étaient pas assez

Faidherbe

Bataille de Pont-Noyelles.

Victoire de Bapaume

[1] Faidherbe, né à Lille en 1818, sortit de l'Ecole polytechnique en 1838, servit ensuite aux colonies et devint, en 1854, gouverneur du Sénégal, où il se signala par des expéditions hardies. En 1865, rappelé en France sur sa demande, il fut envoyé, deux ans après, commander la subdivision de Bône, en Algérie; ce fut de là que Gambetta l'appela, avec le titre de général de division, au commandement de l'armée du Nord. Il est aujourd'hui Grand Chancelier de l'Ordre de la Légion d'honneur.

solides pour tenir la campagne, il dut évacuer cette ville, et, le 10 janvier, Péronne capitula. *Mézières* et *Rocroy* venaient aussi de se rendre. C'est alors que Manteuffel fut appelé au commandement de l'*armée du Sud*.

Faidherbe, toujours plein d'activité, de courage et de confiance, reprit l'offensive sans tarder, afin de se porter sur l'Oise, et de couper ainsi les communications de von Gœben avec Paris. Mais ayant été retardé dans sa marche par le verglas, il fut attaqué près de *Saint-Quentin* par son adversaire, qui avait promptement concentré ses forces. Faidherbe accepta la bataille, et après avoir mis cinq mille Prussiens hors de combat, il s'esquiva par les routes de Cambrai et du Cateau, en laissant prisonniers six mille des siens. Il était encore prêt à recommencer la lutte, quand il reçut la nouvelle de l'armistice.

Bataille de Saint-Quentin.

Opérations de Bourbaki dans l'Est. — *Garibaldi et Cremer autour de Dijon. Batailles de Villersexel et d'Héricourt. Retraite de l'armée sur Pontarlier ; passage en Suisse.* — Après la prise de Strasbourg (28 septembre), le général Werder s'avança à travers les Vosges avec trente mille hommes, pendant qu'une autre armée se portait par la vallée du Rhin sur Mulhouse. Son avant-garde, aux ordres du général Degenfeld, ayant remonté la Bruche et traversé le col de Saales, descendit sur la haute Meurthe. Des francs-tireurs et des mobiles des Deux-Sèvres, environ huit mille hommes, sous le colonel Dupré, étaient campés à la Burgonce, entre Saint-Dié et Raon-l'Etape. Le 6 octobre, le combat s'engagea à *Nompatelize,* entre Degenfeld et Dupré, et après une lutte opiniâtre, les Français, qui avaient perdu mille hommes environ, se replièrent sur Brouvelieures sur la Mortagne. Alors le général Cambriels [1] vint prendre la place de

Combat de Nompatelize

[1] Cambriels, né à Lagrasse (Aude), en 1816, commandait à Sedan, dans le corps de Lebrun, en qualité de général de division. Blessé à la tête, il avait été renvoyé en France par les Prussiens, et, à peine guéri, était allé se mettre à la disposition de la Délégation de Tours, qui le chargea du commandement de l'armée de l'Est ; mais des conflits d'autorité avec Garibaldi et les souffrances que lui causait sa blessure devaient bientôt l'obliger à renoncer à ce poste.

Dupré, blessé dans le combat; mais, menacé bientôt d'être tourné à l'ouest par Werder, qui avait pris Epinal et marchait sur Vesoul, et à l'est par une division de réserve, qui cherchait à franchir la trouée de Belfort, il battit en retraite de Bruyères par Remiremont et Lure sur Besançon, où il travailla à la formation du 20e corps.

Retraite de Cambriels sur Besançon.

Werder, entré dans Vesoul le 19 octobre, poussa ses troupes en avant. Après un petit combat au pied de Châtillon, au nord de Besançon, renonçant à prendre cette place, qui se trouvait pourtant dans l'impossibilité de lui opposer une longue résistance, il fit occuper Gray et marcha sur *Dijon*, où il entra, après un sanglant combat dans les faubourgs Saint-Nicolas et Saint-Pierre (31 octobre).

Marche de Werder sur Dijon.

En même temps, le général Treskow, longeant notre frontière de l'est, prenait *Schelestadt* (24 octobre), assiégeait *Neuf-Brisach*, qui capitula le 10 novembre, puis venait bloquer Belfort (3 novembre), et s'emparer de *Montbéliard* (18 novembre), sans rencontrer sur son chemin d'autre adversaire que M. Keller, député d'Alsace, qui avait organisé un corps franc. Avant de commencer les hostilités contre Belfort, Treskow adressa au colonel Denfert [1] quelques avis propres « à épargner, autant que possible, à la population du pays les horreurs de la guerre. » — « ....Je ne puis m'empêcher, lui répondit Denfert, de trouver que la retraite de l'armée prussienne est le seul moyen que conseillent à la fois l'honneur et l'humanité, pour éviter à la population de Belfort les horreurs d'un siège. Nous savons tous quelle sanction vous donnerez à vos menaces, et nous nous attendons à toutes les violences....; mais nous connaissons aussi l'étendue de nos devoirs envers la France et envers la république, et nous sommes décidés à les remplir. » Denfert, qui connaissait toutes les ressources de la place, ne devait l'évacuer qu'en vertu de l'armistice.

Treskow devant Belfort.

La Franche-Comté, comme l'Alsace et la Lorraine, était

[1] Denfert-Rochereau, né à Saint-Maixent (Deux-Sèvres), en 1823, fit les campagnes de Rome (1849) et de Crimée (1854), et devint commandant du génie à Belfort, en 1863. En 1870, Gambetta le nomma colonel et le chargea de la défense de cette place. Il est mort en 1878.

donc abandonnée sans défenseurs à la rapacité des Prussiens. Bientôt même le général Michel, qui avait remplacé Cambriels à la tête du 20e corps, reçut ordre de laisser seulement dix mille hommes à Besançon, et de se porter sur Chagny, point important, où les voies ferrées du bassin de la Loire se relient à celles du bassin du Rhône. Puis, le 16 novembre, il fut prescrit à Crouzat, successeur du général Michel, de détacher quinze mille hommes sur Lyon et de gagner Gien avec le restant du 20e corps : ainsi, seuls, Garibaldi à Autun, avec ses fils Riciotti et Menotti, et Cremer à Beaune, avec les mobiles du Rhône, restaient dans l'Est pour tenir en échec Werder, qui rayonnait autour de Dijon, sa base d'opérations [1].

Garibaldi et Cremer autour de Dijon.

Le 19 novembre, Riciotti surprit Châtillon-sur-Seine, qu'il ne put ni conserver ni reprendre. Garibaldi, ayant voulu recouvrer Dijon sans attendre Cremer, s'avança jusqu'au village de *Prénois*, mais arrivé là, il dut reculer. Il réussit toutefois à arrêter devant Autun le général prussien Keller, qui l'avait poursuivi avec six mille hommes, et à le forcer de s'éloigner de cette ville (1er décembre). Trois jours après, Keller fut encore battu par Cremer à *Châteauneuf*. Enfin, le 18, Cremer soutint un combat vigoureux à *Nuits*, et se replia en bon ordre devant la supériorité de l'ennemi, qui n'osa pas dépasser cette position.

C'est alors (18 décembre) que la Délégation, cédant au désir du public, résolut d'opérer une grande diversion

[1] Garibaldi, nommé commandant en chef des francs-tireurs et des volontaires dans la zone des Vosges, avait d'abord établi son quartier général à Dôle, mais n'ayant pu obtenir aucun secours de Cambriels, malgré les instances de Gambetta, qui se rendit même à Besançon pour recommander son protégé, il avait été envoyé à Autun. Le peu de sympathie que Garibaldi trouvait dans l'armée française s'explique. Sur les 15 à 20,000 hommes qu'il avait réunis, il y avait tout au plus 3,000 soldats véritables; les autres étaient un ramassis d'aventuriers étrangers, sans courage et sans discipline, attirés par toute autre chose que l'amour de la France et la haine de la Prusse. Les officiers de cette armée, quelquefois au nombre de quarante pour cent hommes, changeaient souvent de corps afin de toucher une nouvelle entrée en campagne, si bien que de simples lieutenants se créaient ainsi un traitement de général de division.

dans l'Est, avec l'armée que Bourbaki venait de réorganiser à Bourges (15e, 16e et 20e corps). Pendant que le 15e corps resterait à Vierzon, pour couvrir Bourges et Nevers, et dissimuler le mouvement de nos troupes à Zastrow, qui courait entre Montargis et Avallon, Bourbaki se porterait en chemin de fer, avec les autres corps, jusqu'à Chagny, puis s'en irait par Besançon dégager Belfort et couper les communications de l'ennemi avec l'Allemagne. En comprenant les troupes de Garibaldi, qui devait appuyer sa gauche, et celles qu'il rallierait en route, on comptait que Bourbaki réunirait cent trente mille hommes, commandés sous ses ordres, par Martineau des Chenetz, Billot, Clinchant, Bressolles et Cremer. Exécutée plus tôt, dans de bonnes conditions et avec une rapidité foudroyante, cette opération aurait pu produire d'excellents résultats; mais, à ce moment, elle découvrait Chanzy, et permettait à Frédéric-Charles de se jeter sur lui avec toutes ses forces. En outre, comment agir rapidement et à l'insu de l'ennemi, avec une armée qui n'était qu'une masse d'hommes mal chaussés et mal vêtus, sans discipline et sans expérience, quand rien n'était prêt pour les transports en chemin de fer, et que les routes étaient couvertes de neige? Il était donc bien à craindre que cette campagne ne se terminât par un désastre.

Diversion tentée par Bourbaki dans l'Est.

Aux premiers jours de janvier seulement, Bourbaki déployait son armée en avant de Besançon, entre le Doubs et l'Ognon : c'était trop tard : dès la fin de décembre, Werder, informé qu'un grand mouvement de troupes s'opérait vers l'Est, avait rappelé les siennes de Dijon, d'Auxonne et de Gray, détruit les ponts de l'Ognon, en se repliant sur la rive droite de cette rivière, et s'était rabattu du côté de Belfort. Bourbaki, néanmoins, ayant franchi l'Ognon, avec une partie de son armée, sur la glace ou sur les ponts, qui avaient été réparés, remonta le cours d'eau, et, le 8 janvier, engagea un combat contre Werder à *Villersexel*. La lutte fut opiniâtre ; on se battit des deux côtés de l'Ognon, depuis Esprels et Marast à droite, jusqu'aux Magny à gauche. Villersexel, sur la rivière, la clef de la position, fut pris et repris, et, finalement, resta à Bourbaki, qui avait payé lar-

Retraite de Werder vers Belfort.

Victoire de Villersexel, 8 janvier.

gement de sa personne pour donner à ses jeunes soldats l'exemple du courage ; en abandonnant le château, propriété de la famille de Grammont, les Prussiens l'incendièrent. Le lendemain, dès deux heures du matin, Werder quitta ce champ de bataille, où il laissait quatre mille hommes tués, quatorze cents prisonniers, et se replia en avant de Belfort, sur la rive gauche de la Lisaine. Rajeuni par cette victoire, qui lui rappelait les belles journées de l'Alma et d'Inkermann, le héros de Crimée aurait voulu, lui aussi, partir aussitôt et prévenir son adversaire devant Belfort, mais le manque d'approvisionnements, qui, tant de fois déjà, avait retardé sa marche, l'obligeait encore à rester immobile. Quand, le 11, il put reprendre sa route, l'avantage de sa victoire de Villersexel était perdu ; pendant le moment de répit qu'on lui avait laissé, Werder avait garni les hauteurs de la Lisaine avec des pièces de gros calibre, empruntées à son parc de siège, et porté son armée au chiffre de cinquante mille hommes. Ses lignes s'étendant des villages de Frahier et de Chenebier par Chagey, Héricourt, Bussurel et Bethoncourt, jusqu'à Montbéliard, il tenait les routes qui vont de Lure, d'Héricourt et Montbéliard sur Belfort.

Retraite de Werder sur la Lisaine.

Le 15, au point du jour, l'armée de Bourbaki, forte de cent mille hommes, s'ébranla, et, à neuf heures, attaqua vivement les positions ennemies. Mais que pouvaient faire, au milieu d'une neige épaisse, de l'infanterie et de l'artillerie de campagne contre les grosses pièces de Werder qui couronnaient toutes les hauteurs ? A Héricourt, à Bussurel, à Bethoncourt, partout au centre nous fûmes repoussés : Martineau des Chenetz réussit à entrer dans Montbéliard à droite, sans pouvoir prendre le château. Le 16, la bataille continua ; Billot, qui, soutenu par Cremer, était parvenu à s'établir dans Chenebier, sur la route de Lure à Belfort, perdit ce village dans la nuit suivante. Le 17 enfin, Bourbaki tenta un suprême effort et n'obtint pas plus de succès que les jours précédents. En présence de cet obstacle infranchissable et des ravages causés dans ses rangs par les fatigues, les privations et la température, qui descendait parfois à 20°, il se décida, le 18,

Bataille d'Héricourt, 15 et 16 janvier.

à battre en retraite sur Besançon. Le 22 au soir, il était autour de cette ville et pensait à reprendre l'offensive contre Werder, qui l'avait suivi, quand il apprit que des troupes allemandes occupaient Dôle et Arbois. C'était Manteuffel. Sur l'ordre de l'état-major royal de Versailles, qu'alarmaient nos opérations dans l'Est, ce général avait laissé le commandement des troupes de la Somme à von Gœben, pour aller prendre celui d'une armée de cinquante mille hommes réunie dans le Morvan et dite *armée du Sud*, puis avait passé du bassin de la Seine dans celui de la Saône, entre Langres et Dijon. Garibaldi, qui gardait les environs de Dijon avec quarante mille hommes et avait mission de protéger la gauche de notre armée de l'Est, ne s'était pas même aperçu de son mouvement. Attaqué sur plusieurs points par Kettler, chargé de l'amuser, le héros de Caprera avait rejeté quatre mille Allemands sur *Montbard* et, sans se douter qu'une grande armée traversait alors le plateau de Langres, était rentré dans Dijon pour y parader avec ses soldats de théâtre et les féliciter « d'avoir enfin vu les talons des fils de Guillaume. » Manteuffel s'était d'abord dirigé directement sur Belfort, mais ayant appris à Gray notre échec devant Héricourt, il s'était promptement rabattu sur Dôle, Mouchard et Arbois.

Retraite de Bourbaki sur Besançon.

Arrivée de Manteuffel dans l'Est.

Imprévoyance de Garibaldi.

Voyant donc que sa ligne de retraite sur Lyon par Lons-le-Saunier était coupée, et craignant d'être bloqué sous Besançon, dont les hauteurs environnantes n'étaient point, comme aujourd'hui, couronnées de forts redoutables, Bourbaki résolut de se diriger sur Pontarlier, afin de gagner Lyon en longeant les chaînes du Jura (24 janvier). Après plusieurs journées de marche dans un pays montagneux, notre armée déboucha de la vallée de la Loue sur le plateau qui se déroule à l'ouest de Pontarlier. Jamais elle n'avait encore offert un aspect plus lamentable qu'à ce moment. Exténués de fatigue et grelottants de froid sous leurs habits en lambeaux, nos soldats ne se traînaient qu'avec peine et par masses confuses à travers les champs de neige et les grands bois de sapins: c'était une image de la retraite de Russie. Bourbaki n'était plus là pour relever le moral de ces malheureux. Découragé lui-même par son échec à Héricourt, en butte

Retraite de l'armée de l'Est sur Pontarlier.

à des reproches immérités, et dominé par la pensée d'une disgrâce prochaine, il avait cédé à un sentiment de désespoir et tenté de se donner la mort le soir même du 24 janvier. C'était à Clinchant, nommé par la Délégation à la place de Bourbaki, qu'incombait la difficile mission de sauver l'armée de l'Est.

Commandement de Clinchant.

A son arrivée à Pontarlier, Clinchant, ayant appris que les troupes de Manteuffel s'étaient portées d'Arbois sur Andelot et Champagnole, crut qu'il pourrait encore atteindre Lyon par Mouthe et Saint-Laurent, et engagea son avant-garde dans les défilés du Jura. Mais, sur ces entrefaites, informé qu'un armistice était signé et ignorant qu'il ne s'étendait point à l'armée de l'Est, il donna ordre de s'arrêter, tandis que les Allemands, mieux renseignés, s'avançaient de Champagnole sur Morez, et nous acculaient à la frontière. Bientôt Clinchant connut sa situation, et se décida à passer en Suisse, ce qui était préférable à une capitulation. Poursuivi par Manteuffel, il le refoula à *Sombacourt* et à *Chaffois*, en avant de Pontarlier, à *la Cluse* et à *Oye*, au delà de cette ville, puis, protégé par les forts de Joux et du Larmont, s'enfonça dans le val de Travers avec le gros de l'armée, pendant que des détachements allaient franchir la frontière par les Brenets et par Jougne. Plus de quatre-vingt mille hommes, avec dix mille chevaux et deux cents canons, parvinrent ainsi sur le territoire helvétique, où ils trouvèrent tous les soins que réclamait leur état lamentable. La France ne doit pas perdre le souvenir de cette généreuse hospitalité.

Erreur du général au sujet de l'armistice.

Passage de l'armée en Suisse.

Opérations de Trochu, Ducrot et Vinoy sous Paris. — *Tentatives de sortie : combats de Villiers-Champigny, de Montretout ou de Buzenval. Armistice et capitulation de Paris (29 janvier 1871).* — Pendant que la province luttait contre les envahisseurs, Paris s'efforçait de rompre les lignes qui l'environnaient. Le 6 novembre, toutes les troupes de la capitale avaient été réparties en trois armées : la première, sous les ordres du général Clément Thomas, comprenait deux cent soixante-six bataillons de la garde nationale sédentaire (cent trente-trois mille hommes), et devait, en gardant l'en-

Les forces de Paris.

ceinte, maintenir l'ordre à l'intérieur; la seconde, commandée par Ducrot, se composait de troupes de ligne et de régiments de mobiles (cent mille hommes), et devait exécuter des sorties; la troisième, sous le commandement de Vinoy, était formée de mobiles (soixante-dix mille hommes), et chargée d'opérer des diversions. Trochu voulait d'abord percer les lignes allemandes au nord-ouest de Paris, par la presqu'île de Gennevilliers, pour se diriger sur Rouen; mais, informé le 17 novembre de la victoire de Coulmiers, il changea d'avis, et résolut de sortir vers la fin du mois du côté du sud, afin de tendre la main à l'armée de la Loire. Le gouverneur de Paris fit part de son projet à Gambetta par une dépêche qu'un ballon emporta sur les côtes de Norwège, et qui parvint à Tours le 30 novembre. Le 28, en effet, Trochu annonça aux troupes qu'une grande sortie allait être exécutée, et, dans une éloquente proclamation, où il faisait appel au patriotisme de ses soldats, Ducrot déclara qu'il ne rentrerait à Paris que « mort ou victorieux. » Comme on devait tenter l'opération par la Marne, on occupa d'abord le plateau d'Avron et la presqu'île de Saint-Maur, que l'on garnit de canons de gros calibre, et le 29, pendant que Vinoy occupait l'ennemi sur la rive gauche de la Seine, en avant du fort d'Ivry, Trochu et Ducrot s'avancèrent, avec la seconde armée, vers les points désignés pour le passage de la rivière. Malheureusement, l'établissement des ponts de bateaux ayant été retardé par une crue subite et imprévue de la Marne, il fallut renoncer à la franchir dans la soirée du 29, ce qui donna le temps à l'ennemi de renforcer ses lignes de ce côté. Cependant, l'amiral Pothuau, avec des marins et des gardes nationaux, et le général Valentin, avec des mobiles bretons, avaient opéré d'heureuses diversions par l'attaque et la prise de *Choisy-le-Roi* et de *l'Hay,* au sud de Paris.

Première tentative de sortie.

Le lendemain, pendant que le canon grondait depuis la presqu'île de Saint-Maur jusqu'à celle de Gennevilliers, Ducrot exécutait le passage de la Marne. Le corps du général Exéa la franchit à *Nogent*, et les autres vers *Champigny*, malgré la résistance des Allemands. Pour compléter le succès, il restait à enlever les hauteurs de *Villiers*

Combats de Villiers-Champigny, 30 novembre et 2 décembre.

et de *Cœuilly*, que tenaient encore les Wurtembergois. Vers trois heures de l'après-midi, Ducrot lança le général Renault contre cette position, mais le général Exéa n'étant pas venu prendre l'ennemi à revers, comme il en avait l'ordre, le général Renault fut impuissant à chasser seul de Villiers un adversaire qui recevait continuellement de nouveaux renforts. Notre marche en avant était arrêtée ! Français et Allemands passèrent la nuit sur leurs positions et employèrent la journée du 1er décembre à recueillir leurs blessés et à enterrer leurs morts.

Le 2, Ducrot reprit l'attaque et soutint encore la lutte pendant toute la journée ; puis, voyant que ses soldats épuisés de fatigue et démoralisés par le froid étaient incapables de culbuter des adversaires qui se renouvelaient sans cesse, il leur donna l'ordre de repasser la Marne pour aller camper dans le bois de Vincennes. Dans ces deux journées, douze mille Français, et parmi eux le général Renault, avaient été mis hors de combat.

Sur les autres points, nous avions aussi remporté quelques succès passagers. Au nord de Paris, l'amiral la Roncière le Noury s'était emparé d'*Epinay-sur-Seine;* au sud, le général Subielle avait pris *Montmesly*, et l'amiral Pothuau la *Gare aux bœufs*, qui sauta immédiatement après son départ. Bref, c'était une entreprise manquée, et le peuple de Paris, qui ne comprenait pas comment une armée de cent mille hommes n'avait pu faire une brèche dans les rangs de l'ennemi, poursuivait le courageux Ducrot de ses sarcasmes : « Mort ou victorieux, » lui répétait sur tous les tons la foule imbécile.

Deuxième tentative de sortie.

Cependant l'échec de Villiers-Champigny, pas plus que la nouvelle de la perte d'Orléans, ne décourageait le gouvernement de la Défense nationale. Il prépara une nouvelle sortie pour le 21 décembre, par le nord-est. Au jour fixé, par une température de quatorze degrés de froid, Ducrot s'avança de Bondy jusqu'au delà de Neuilly-sur-Marne, d'où il voulait gagner Soissons ; mais l'attaque

Echec du Bourget, 21 décembre.

sur le *Bourget*, qu'il fallait d'abord occuper, n'ayant point complètement réussi, malgré l'habileté avec laquelle l'avait conduite l'amiral la Roncière le Noury, Ducrot ne put continuer sa marche en avant. Quelques jours plus tard, nos troupes furent obligées d'évacuer le plateau d'Avron, pour se replier sur Paris.

La situation de la capitale s'aggravait. Les vivres étaient presque épuisés; chaque personne ne recevait plus par jour que trois cents grammes d'un pain grossier, et vingt-cinq grammes de viande de cheval [1]. Le froid était intense, et le combustible faisait complètement défaut. A ces privations vinrent s'ajouter les ravages du bombardement, qui s'ouvrit le 27 décembre, pour ne se terminer que le 28 janvier. Les Prussiens dirigèrent leurs premiers coups sur nos forts, qui leur ripostèrent vigoureusement; mais, à partir du 5 janvier, ils lancèrent des obus jusque dans la ville, sans même respecter les ambulances. Toutefois, vu la distance énorme où se trouvaient les canons Krupp, et les précautions que prenaient les habitants des quartiers exposés aux projectiles, le bombardement n'eut pas les résultats que l'on craignait d'abord; il ne fit que quatre cents victimes.

Bombardement de la capitale.

Irritée par ses souffrances et par l'inaction du gouvernement, la population de Paris exigeait avec menace une *sortie torrentielle* contre l'ennemi. Pour la satisfaire, Trochu fixa donc une nouvelle sortie au 19 janvier. Protégés par le canon du Mont-Valérien, les généraux Ducrot, Vinoy et Bellemare se précipitèrent, avec quatre-vingt mille hommes, dont vingt-deux mille gardes nationaux, sur les lignes allemandes, entre *Saint-Cloud* et *Bougival*. Le début de cette attaque fut encore marqué par des succès. Vinoy s'empara de la redoute de *Montretout* et parvint jusqu'aux premières maisons de Saint-Cloud. Bellemare et Ducrot pénétrèrent dans le *parc de Buzenval*, mais ils ne purent, en dépit de leurs efforts, franchir cette limite : devant eux se dressaient des murs crénelés, d'où l'ennemi les foudroyait à loisir, et ils n'avaient pas de canon pour renverser ces remparts. La lutte dura jusqu'au soir sur les positions conquises; à six heures, Trochu donna le signal de la retraite. Des milliers d'hommes, et parmi eux des jeunes gens qui semblaient destinés à un brillant avenir, comme Gustave Lambert,

Troisième tentative de sortie.

Bataille de Montretout, ou de Buzenval, 19 janvier.

[1] Un lapin coûtait 25 francs, un œuf 1 franc.

l'explorateur des régions arctiques, et le peintre Henri Regnault, grand prix de Rome, étaient tombés devant les retranchements ennemis (19 janvier). La veille de cette bataille, le roi de Prusse s'était fait proclamer empereur d'Allemagne dans la galerie des Glaces du palais de Versailles.

Trochu, dont l'opinion était autrefois si enthousiaste, ayant perdu tout crédit, céda aux instances de ses collègues et résigna ses fonctions de gouverneur de Paris, pour ne conserver que la présidence du gouvernement (22 janvier). Vinoy devint alors commandant en chef de l'armée. Mais le parti avancé voulait d'autres changements. Dès le lendemain, un bataillon de gardes nationaux descendit en armes de Montmartre, et se dirigea sur l'Hôtel de ville aux cris de : *Vive la Commune!* Cette manifestation amena, entre les gardes nationaux et les gardes mobiles, une collision dans laquelle une trentaine de personnes furent uées ou blessées.

Vinoy commandant en chef.

Manifestation anarchique.

En présence de ces tendances anarchistes, des souffrances de la population, réduite à manger du mulet, de l'âne, du chat et même du chien; en présence des progrès de la mortalité, que les privations de toute nature avaient portée de douze cents décès par semaine, en temps normal, à près de cinq mille, le gouvernement de la Défense nationale se décida, le 28 janvier, à ouvrir des négociations avec l'ennemi, et le soir même de ce jour, Jules Favre signa, à Versailles, avec Bismarck, une convention qui contenait les conditions d'un armistice et de la capitulation de Paris.

L'armistice.

L'armistice devait durer vingt et un jours, et il était accordé afin de permettre au gouvernement de réunir à Bordeaux une Assemblée nationale qui déciderait si la guerre serait continuée ou à quelles conditions la paix serait faite; mais il ne s'étendait pas aux départements de la Côte-d'Or, du Doubs ni du Jura, ce dont Jules Favre, par un oubli impardonnable, ne prévint pas le général Clinchant.

Aux termes de la capitulation, on livrait aux Allemands les forts de Paris avec leurs canons, et toute la garnison de la place, c'est-à-dire les armées de ligne, la garde mobile et les marins, à l'exception d'une division de douze mille hommes, que l'autorité militaire conservait pour le service intérieur. La garde nationale conservait ses armes, afin de maintenir l'ordre dans Paris, où les Allemands n'avaient pas le droit de pénétrer.

La capitulation de Paris, 29 janvier.

L'Assemblée nationale de Bordeaux et le traité de Francfort. — *Elections du 8 février 1871. Thiers chef du pouvoir exécutif; protestations des députés alsaciens et lorrains contre les préliminaires de paix.* — Le gouvernement de la Défense nationale convoqua les électeurs pour le 8 février, à l'effet de nommer, conformément à la loi électorale de 1849, une Assemblée nationale de sept cent cinquante membres. La Délégation de Bordeaux, toujours dominée par Gambetta, ayant publié des décrets qui frappaient d'exclusion les membres des familles qui ont régné en France et les anciens candidats officiels, M. Jules Simon accourut à Bordeaux, muni de pleins pouvoirs, et obligea la Délégation à rapporter ses décrets. Les élections se firent au jour fixé, avec la plus entière liberté, et donnèrent une immense majorité conservatrice et royaliste.

Election de l'Assemblée, 8 février.

Dès le 13 février, l'Assemblée ouvrit ses séances à Bordeaux, sous la présidence de M. Benoît d'Azy, doyen d'âge. S'empressant de pourvoir immédiatement aux nécessités du gouvernement et à la conduite des négociations, elle choisit M. Jules Grévy pour son président, nomma Thiers, qui avait été élu député dans vingt-sept départements, *Chef du pouvoir exécutif de la république française*, et l'envoya avec Jules Favre à Versailles, pour arrêter les préliminaires de paix.

Thiers chef du pouvoir exécutif.

Comme l'armistice expirait le 19 février, et que le 15 les négociations étaient à peine entamées, il fallut le proroger d'abord jusqu'au 26, puis jusqu'au 12 mars; mais nous n'obtînmes ce délai qu'en consentant à la reddition de Belfort, d'où Denfert-Rochereau sortit avec les honneurs de la guerre, et à l'occupation des Champs-Elysées par un corps de trente mille Allemands, depuis le 1er mars jusqu'à la ratification des préliminaires de paix.

Prorogation de l'armistice

Reddition de Belfort.

Thiers et J. Favre se débattirent énergiquement contre les

Préliminaires de paix.

exigences d'un vainqueur qui réclamait dix milliards, toute l'Alsace et toute la Lorraine, et ils parvinrent à l'amener à des propositions relativement plus modérées : on convint qu'il recevrait cinq milliards, l'Alsace moins Belfort, et la moitié de la Lorraine. Le sacrifice était encore immense pour nous ; aussi d'énergiques protestations se firent-elles entendre dans l'Assemblée, lorsque les négociateurs vinrent lui soumettre ces préliminaires de paix. Louis Blanc se prononça pour la guerre à outrance. « Si l'Assemblée, dit M. Keller, député d'Alsace, devait « ratifier ce traité, » d'avance j'en appelle à Dieu, vengeur des saintes causes ; j'en appelle à la postérité.... J'en appelle à tous les peuples, qui ne peuvent pas indéfiniment se laisser vendre comme un vil bétail ; j'en appelle enfin même à l'épée de tous les gens de cœur, qui, le plus tôt possible, déchireront ce déplorable traité. » Ces paroles avaient ému l'Assemblée. Cependant elle céda aux instances de Thiers, qui la suppliait de voter la paix par patriotisme, et adopta, par 546 voix contre 107, le traité que lui imposait la force des choses. Dès que le président Grévy eut proclamé ce résultat, M. Grosjean, député du Haut-Rhin, au nom de ses collègues du Haut-Rhin, du Bas-Rhin et de la Moselle, déposa sur le bureau la protestation suivante : « Les représentants de l'Alsace et de la Lorraine ont déposé avant toute négociation de paix une déclaration affirmant de la manière la plus formelle, au nom de ces provinces, leur volonté et leur droit de rester françaises.

Protestations de M. Keller et de ses collègues d'Alsace et de Lorraine.

» Livrés, au mépris de toute justice et par un odieux abus de la force, à la domination de l'étranger, nous avons un dernier devoir à remplir.

» Nous déclarons encore une fois nul et non avenu un pacte qui dispose de nous sans notre consentement.

» La revendication de nos droits reste à jamais ouverte à tous et à chacun, dans la forme et dans la mesure que notre conscience nous dictera.

» Au moment de quitter cette enceinte, où notre dignité ne nous permet pas de siéger, la pensée suprême que nous retrouvons au fond de nos cœurs est une pensée d'inaltérable attachement à la patrie dont nous sommes violemment arrachés.

» Nous vous suivrons de nos vœux, et nous attendrons avec confiance entière dans l'avenir que la France, régénérée, reprenne le cours de sa grande destinée. Vos frères d'Alsace et de Lorraine, séparés en ce moment de la famille commune, conserveront à la France absente de leurs foyers une affection filiale, jusqu'au jour où elle viendra y reprendre sa place. »

Le jour même où fut lue cette protestation, l'un de ses signataires, M. Kuss, maire de Strasbourg et député d'Alsace, succombait à Bordeaux, sous l'excès de sa douleur. Gambetta, qui avait été élu député dans dix départements et qui avait opté pour le Haut-Rhin, suivit les Alsaciens-Lorrains dans leur retraite : l'ancien dictateur était heureux de rencontrer cette occasion pour se soustraire, sans rien perdre de sa popularité, aux difficultés que l'Assemblée aurait pu lui susciter. Enfin, le 3 mars, toutes les formalités relatives à la signature des préliminaires de paix étant terminées, les Prussiens sortirent des Champs-Elysées : ils n'étaient restés que quarante-huit heures dans l'enceinte de Paris.

Conditions du traité de Francfort, 10 mai 1871.

La paix fut définitivement signée à Francfort, le 10 mai 1871, par MM. J. Favre, Pouyer-Quertier et de Goulard au nom de la France, et MM. de Bismarck et d'Arnim au nom de l'Allemagne. En vertu de ce traité, la France s'engageait à payer cinq cents millions aussitôt après le rétablissement de l'autorité du gouvernement dans Paris, où régnait à ce moment la Commune, un milliard dans le courant de l'année, cinq cents millions au 1er mai 1872, et trois milliards au 2 mars 1874. Les troupes allemandes devaient occuper à ses frais les départements du Nord et de l'Est, jusqu'à l'entier acquittement de cette dette. De plus, la France cédait à l'Allemagne le département du *Bas-Rhin* tout entier, le département du *Haut-Rhin* à l'exception du territoire de Belfort, les arrondissements de *Metz*, de *Thionville* et de *Sarreguemines* dans la Moselle, ceux de *Château-Salins* et de *Sarrebourg* dans la Meurthe ; enfin, les cantons de *Schirmeck* et de *Saales* dans les Vosges. En résumé, la France cédait à l'Allemagne un territoire contenant 1,487,374 hectares, et peuplé de 1,628,132 habitants, et elle lui donnait cinq milliards ; mais notons, en terminant, que les Prussiens, par les rançons et les réquisitions imposées aux villes et aux campagnes, avaient encore pris autant que nous leur donnions.

BESANÇON. — IMP. ET STÉR. PAUL JACQUIN